体育教师教育课程改革系列教材

体育与健康课程标准与教材分析

主 编 宋 旭 谭 华 李 涛
副主编 曹 垚 李晓静 章 翔

WUHAN UNIVERSITY PRESS
武汉大学出版社

图书在版编目(CIP)数据

体育与健康课程标准与教材分析/宋旭,谭华,李涛主编.—武汉：武汉大学出版社,2014.4(2020.7 重印)
体育教师教育课程改革系列教材
ISBN 978-7-307-12865-1

Ⅰ.体… Ⅱ.①宋… ②谭… ③李… Ⅲ.①体育课—课程标准—中小学 ②健康教育—课程标准—中小学 ③体育课—教材—分析—中小学 ④健康教育—教材—分析—中小学 Ⅳ.G633.962

中国版本图书馆 CIP 数据核字(2014)第 034064 号

责任编辑:唐 伟　　责任校对:汪欣怡　　版式设计:马 佳

出版发行：**武汉大学出版社**　(430072 武昌 珞珈山)
(电子邮箱：cbs22@whu.edu.cn 网址：www.wdp.com.cn)
印刷:武汉图物印刷有限公司
开本:720×1000 1/16 印张:9.25 字数:181 千字 插页:1
版次:2014 年 4 月第 1 版 2020 年 7 月第 5 次印刷
ISBN 978-7-307-12865-1 定价:30.00 元

编写委员会

前　言

为贯彻落实《国家中长期教育改革和发展规划纲要(2010—2020年)》，深化教师教育改革，全面提高教师培养质量，建设高素质专业化教师队伍，2011 年教育部颁布《教育部关于大力推进教师教育课程改革的意见》和《教师教育课程标准(试行)》(以下简称《意见》和《标准》)，提出了“创新教师教育课程理念”、“优化教师教育课程结构”、“改革课程教学内容”、“建设高水平师资队伍”等方面的指导意见，教师教育课程改革成为新时期中小学教师培养质量的关键。

《标准》明确了教师的专业素养是教师的立身之本，确立了“育人为本”、“实践取向”和“终身学习”三位一体的教师教育课程目标和课程结构。《标准》新设了有效教学、学科课程标准与教材研究、学科教学设计等学科教学课程，增加了教育研究方法、教师专业发展等新课程体系。新的课程设置充分体现出教师教育课程的专业化、职业化、实践化特点，将有力推进我国教师教育课程改革，提升教师的培养质量。

为适应教师教育课程改革，推进体育学科教育课程建设，满足教学需求，根据《标准》建议模块中的重要专业课程，结合体育学科特点，我们组织相关专家，设计和编写了《体育与健康课程标准与教材分析》、《中小学体育教学设计》、《中小学体育教学评价》、《中小学体育教师专业发展》、《中小学体育教学研究方法》、《中小学体育教学技能训练理论与方法》等体育教师教育类系列教材。

《体育与健康课程标准与教材分析》作为系列教材之一，可以说是其他课程的前导课程，具有重要的引领作用。本教材由两大部分组成：第一部分是对体育与健康课程标准进行解读，包括体育与健康课程历史演变与思想发展，体育与健康课程标准制定的背景、理念、思路，课程标准内容的阐释，校本课程编制与实施以及校本课程资源开发与利用等；第二部分是对体育与健康课程的教材分析，包括体育与健康教材分析的基本原理、方法和教材分析案例。

《体育与健康课程标准与教材分析》可以作为高等师范院校体育教育专业本科生和研究生教材，同时也可以作为中小学体育教师进修和教学的参考资料。此外，本书还可供新课程改革培训之用。

这次编写《体育与健康课程标准与教材分析》等体育教师教育类系列教材是一种新尝试，目前可供参考的同类教材较少，可借鉴的经验不多，加之水平有限，错误在所难免，真诚希望广大师生和读者提出宝贵意见，以便在修订过程中加以完善，从而不断提高本教材质量。

编　者

2014 年 3 月 9 日

目　　录

第一章　绪　　论

体育与健康课程标准与教材分析是课程论与体育学科的结合，是课程论在体育与健康教学中的具体体现。体育与健康课程是中小学课程体系的有机组成部分，在体育与健康课程的教育教学过程中涉及体育与健康知识、技能、能力、态度及情感等方面的系列教育教学要素，解决和把握好“为什么教”、“教什么”、“如何教”的理论问题，已成为体育教师有效实现体育教育教学目标的关键。本书正是从课程理论的视角审视中小学体育与健康教学中涉及的课程设置、课程标准、课程资源开发、教材、教材分析等一系列问题。

第一节　课程与体育课程

一、课程概述

(一)课程概念

课程是一个使用非常广泛但内涵又极其复杂和多样化的教育学概念。西方的课程(curriculum)源于拉丁文 currere，即 race course，意为“跑道”或“民族经验”，即将民族先辈的经验，选择后传给下一代，使其通过学习达到一定的社会要求。在教育中，其原初含义主要是指对学科内容学习的进程，因而课程有时又称为“学程”。在我国，“课程”一词最早见于唐宋期间，孔颖达在《五经正义》里为“奕奕寝庙，君子作之”句注疏：“教护课程，必君子监之，乃得依法制也。”这里课程的含义是“伟业”。① 朱熹在《朱子全书 · 论学》中也有“宽着期

① 张华．课程与教学论[M]．上海：上海教育出版社，2000.

限，紧着课程”，“小立课程，大作功夫”等句。这里课程含有学习的范围、进程、计划的程式之义。① 有学者认为，我国古代的“课程”，实际上是“学程”，只是教学内容的规范，而没有教法的规定。近代对课程的理解，则与“教程”的含义接近，注重的是教学的范围与进程，而且这种范围与进程的规定，又是按照学科的逻辑体系展开的。

到了近现代，人们对课程的理解更为多样化。国内对课程概念有代表性的表述有：课程是教学内容及其进程的总和；② 按照一般理解，课程一词指的是学校的教学内容。③ 我国著名课程论与教学论专家施良方将课程的定义分为六种类型：④ 课程即教学科目；课程即有计划的教学活动；课程即预期的学习结果；课程即学习经验；课程即文化再生产；课程即社会改造的过程。

我国台湾学者黄政杰综合各种课程定义，将其归结为四种类型：

(1)课程是学科(内容)、教材。以课程为学科和教材定义是最传统的课程定义，可以指一个科目或所有科目，如“数学课程”、“高中课程”等。在这种课程定义的指引下，课程发展或开发的主要工作是各种科目的罗列、教材的编制与审定、教科书的撰写以及其他教学材料的生产；课程的价值取向是以知识为中心，教师最关心的是知识的传授和学生对知识的掌握；课程的编制、开发工作主要由学科专家负责，教师只是一系列课程材料的使用者和执行者。

(2)课程是经验。持这一观点的学者所关心的是学校或教室内实际发生了什么，重视师生间的交互作用所产生的结果，关注的焦点由“教”转向了“学”。课程不再是高高在上、遥不可及的，每个学生都有自己独特的课程，教师也不再是被动接纳的容器，而是拥有创造自由和空间的课程发展者。课程的评价也不再是固守事先规定的文件课程，而是充分考虑实际发生的课程和学生多方面的体验与收获。

(3)课程是目标。泰勒认为课程研究主要应该解决这样四个问题：一是学校应该达到哪些教育目标。二是提供哪些教育经验才能实现这些目标。三是怎样才能有效地组织这些教育经验。四是怎样才能确定这些目标正在得到实现。持这种观点的人认为课程是预期的，课程要对教学具有指导作用，因此课程目标要事先设计，课程编制人员的根本任务在于发现、选择和组织课程目标，至于课堂上各种活动和材料的选择与安排作为达成目标的手段，是教学的任务，当然教学必须依照课程的导引而展开。

(4)课程是计划。这种课程主张严格区分课程与教学这两个概念，区分的标准

① 陈侠．课程论[M]．北京：人民教育出版社，1989.

② 王策三．教学论稿[M]．北京：人民教育出版社，2000.

③ 陈侠．课程论[M]．北京：人民教育出版社，1989.

④ 施良方．课程理论——课程的基础、原理与问题[M]．北京：教育科学出版社，2000.

是执行与否。而且课程计划包含了多种因素，如目标、内容、活动、评价等，更全面地体现了课程的面貌。

上述课程定义是人们从不同角度看待课程的结果，每个人选择的角度不同，课程的含义也就不同。我们认为课程可分为狭义和广义两个方面：狭义的课程是指教学内容，主要体现在教科书、课程（教学）计划和课程标准（教学大纲）中；广义的课程指的是学生在学校中获得的经验，包括学科设置、教学活动、教学进程、课外活动及学校的环境气氛等。也就是说，广义的课程不仅包括课程表所规定的显性学习内容，也包括学生的课外活动以及学校中潜在的各种文化教育因素；它不仅指书本知识，也包括学生个人所获得的感性知识，个人经过系统的整理、由实践反复检验的科学知识和个人的经历产生的情感体验。可以说，广义课程的内容是更广泛的，更有助于我们认识课程的内容，也体现了人们对课程理解的深入。

（二）课程的本质

依照对课程定义的理解，主要有三种有代表性的课程本质观（见图 1-1）。

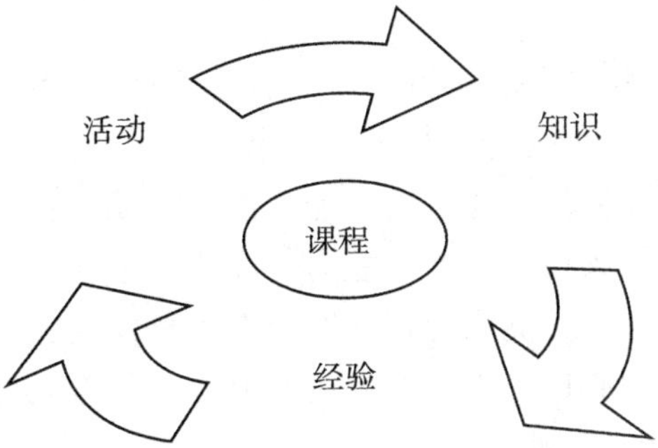

图 1-1　三种课程本质观的关系图

1. 课程是知识

这是一种产生比较早、影响相当深远的观点。从斯宾塞提出“什么知识最有价值”开始，这种观点对西方的课程影响是很大的。在国内，这种课程观依然具有代表性和广泛性，主要表现是学科课程及相应的理论。这种观点的基本思想是：学校开设的每门课程都是从相应的科学中精心选择的，按照学习者的认识水平加以编排。作为知识的课程通常表现为课程（教学）计划、课程标准（教学大纲）、教科书等看得见、摸得到的东西。

当课程被认为是知识并付诸实施时，一般的特点在于：

（1）课程体系是以科学逻辑组织的；

（2）课程是社会选择和社会意志的体现；

（3）课程是既定的、先验的、静态的；

(4)课程是外在于学习者的，并且基本上是凌驾于学习者之上的——学习者服从课程，在课程面前是接受者的角色。

就心理学基础而言，这样的课程主要关注并依赖于学习者的认知品质和过程。

2. 课程是经验

课程是知识只强调课程的静态过程，忽视学习者的情感和经验，忽视学习者的积极参与和体验，忽视潜在的课程因素对学习者的影响。所以，只有被学生真正经历、理解和接受了的东西，才称得上课程。当课程被认定为经验时，一般的特点在于：

(1)课程往往是从学习者的角度出发和设计的；

(2)课程是与学习者的个人经验相联系、相结合的；

(3)课程强调学习者作为学习主体的角色。

就心理学基础而言，课程强调和依赖学习者个性的全面参与，如主动性、积极性、选择性、感情、兴趣和态度等心理状态。课程不再外在于学习者，凌驾于学习者之上，而是学习者参与和组织课程。

3. 课程是活动

课程是受教育者各种自主活动的总和。学习者通过与活动对象的相互作用实现自身各方面的发展。这种课程具有以下一些特点：

(1)强调学习者是课程的主体以及作为主体的能动性；

(2)强调以学习者的兴趣、需要、能力、经验为中介实施课程；

(3)强调活动的完整性，突出课程的综合性和整体性，反对过于详细的分科；

(4)强调活动是人的心理发生、发展的基础，重视学习活动的水平、结构、方式，特别是学习者与课程各因素的关系。

就心理学基础而言，这种课程强调全面性，即除了认知过程之外，学习者其他的心理成分同样也是实施课程必须考虑的。

(三)课程类型

课程类型是指课程设计的不同种类或方式，是在不同的课程设计思想的指导下产生的。课程设计者的课程观不同，所设计的课程也会有所不同。目前，课程类型名目繁多，包括学科课程、活动课程、实践课程、显性课程、隐性课程、研究型课程等。学科课程包括国家课程、地方课程、校本课程，活动课程包括阳光体育、大型活动、兴趣小组等，实践课程包括社会调查、学生会、团委等学生团体组织的自主活动、综合实践活动，隐性课程包括一切有利于学生发展的资源、环境、学校的文化建设、家校社会一体化等。人们划分课程类别的标准也不尽相同，在此只介绍以下几种划分方法及课程类型。

1. 学科课程与活动课程

学科课程又称科目课程或分科课程，它是根据学校教育目标、教学规律和一定年龄阶段学生的发展水平，分别从各门学科中选择部分内容，组成各种不同的学科，彼此分离地安排它们的教学顺序、教学时数和期限。学科课程强调各门课程各自的逻辑体系，教学以各自的学科知识为中心分科进行，主张课程要分科设置，分别从相应科学领域中选取知识，根据教育教学需要分科编排课程，进行教学。

活动课程起源于19世纪末20世纪初欧美的“新教育运动”和“进步教育运动”。在活动课程的发展历史中，杜威常被认为是代表人物之一。活动课程与学科课程相对，它是打破学科逻辑组织的界限，以学生的兴趣、需要和能力为基础，通过学生自己组织的一系列活动而实施的课程，它也常常被称为“儿童中心课程”、“经验课程”等。

学科课程与活动课程是学校教育中的两种基本的课程类型，我们可以把两者看作一种相互补充而非相互替代的关系。学科课程将科学知识系统组织，使教材依一定的逻辑顺序排列，以便学生在学习中可以掌握一定的基础知识、基本技能。但是，由于它分科过细，只关注学科的逻辑体系，容易脱离学生生活实际，不易调动学生学习的积极性。而活动课程则可以在一定程度上补救这一缺失，但同时，活动课程自身往往依学生兴趣、需要而定，缺乏严格的计划，不易使学生系统掌握科学知识。两类课程各具特点，如何处理好两种课程的关系，吸纳各自的优点已成为新时期课程改革需要解决的问题。

2. 核心课程与选修课程

核心课程强调在若干科目中选择若干重要的学科合并起来，构成一个范围广阔的科目，规定为每一学生所必修，同时尽量使其他学科与之配合。因此，核心课程在产生之初，其显要特征就是注重社会需求以及以生活为中心。核心课程除了学科间的综合并构成一个“核心”之外，还有另一显著特征，即这种课程是每个学生都要掌握的，是需要所有学生共同学习的。

选修课程也称外围课程，指核心课程以外的课程。它是为不同的学习对象准备的，不同于照顾大多数学生、面向所有学生的核心课程，而是以学生存在的差异为出发点。它也不像核心课程那样稳定，而是随着环境条件的改变、年代的不同及其他差异而作出相应的变化。核心课程与外围课程的差异，如同一般与特殊、抽象与具体一样，是相辅相成的。

3. 国家课程、地方课程与校本课程

从课程开发的主体来看，可以将课程分为国家课程、地方课程与校本课程。国家课程也称“国家统一课程”，它是自上而下由中央政府负责编制、实施和评价的课程。校本课程是由学校全体教师、部分教师或个别教师编制、实施和评价的课程。地方课程介于国家课程与校本课程之间，指由国家授权，地方根据自身发展需要开发的课程。

就国家课程来说，体现的形式是不一样的。在澳大利亚、美国等国家，国家课程是由各州政府负责编制、实施和评价的。学校教师在国家课程的编制和评价方面没有或者几乎没有什么发言权或自主权，但他们必须成为国家课程的实施者。在实施国家课程的过程中，学生往往需要参加国家统一考试。

校本课程是相对于国家课程而言的，它是一个比较笼统和宽泛的概念，并不局限于本校教师编制的课程，还包括其他学校教师编制的课程或学校之间教师合作编制的课程，甚至包括某些地区学校教师合作编制的课程。与国家课程相比，在校本课程的开发过程中，课程编制、课程实施和课程评价呈“三位一体”的态势，形成统一的三个阶段，并由教师负责承担。

一般来说，中央集权的国家比较强调课程的统一性，较多地推广国家课程，而地方分权的国家比较强调课程的多样性，较多地推广地方课程、校本课程。现在，越来越多国家的政府已经认识到，虽然国家课程与地方课程、校本课程是不同的课程形式，但它们之间是相辅相成、互为补充的关系。在推广国家课程的同时，允许开发一定比例的地方课程、校本课程。

4. 显性课程与隐形课程

显性课程是在学校情境中以直接、明显的方式呈现的课程，是教育者直接地表现出来的，如课程表中的学科。隐形课程包括除上述课程之外的一切有利于学生发展的资源、环境、学校的文化建设、家校社会一体化等。

研究中有很多类似的名称，如隐蔽课程、潜在课程、非正规课程、未研究的课程、未预期的课程，是指学生在学校情境中无意识地获得经验、价值观、理想等意识形态内容和文化影响，也可以说是学校情境中以间接的内隐方式呈现的课程，具有非预期性、潜在性、多样性、不易觉察性。

隐形课程与显性课程有三个方面的区别：一是在学生学习的结果上，学生在隐形课程中得到的主要是非学术性知识，而在显性课程中获得的主要是学术性知识；二是在计划性上，隐形课程是无计划的学习活动，学生在学习过程中大多是无意中接受隐含于其中的经验的，而显性课程则是有计划、有组织的学习活动，学生有意参与的成分很大；三是在学习环境上，隐形课程是通过学校的自然环境和社会环境进行的，而显性课程则主要是通过课题教学来进行的。

5. 研究型课程

研究型课程按功能可分为基础型课程、拓展性课程和研究型(探究型)课程，它具有以下几个特点：

(1)课程目标的开放性。课程目标不仅指向某种知识内容，而且指向各种知识的综合探究过程，指向在这个探究过程中，学生所发展的探究意识、探究精神和探究能力，指向学生对各种知识的综合探究过程的情感体验。并且这些目标指向在不同的课题探究过程中有不同的侧重，除探究能力和探究精神外，学生在探究过程中所达到的知识目标是开放的。

(2)课程内容的综合性、开放性。综合性与开放性是体现课程内容生命力的重要因素。此类课程的内容弹性非常强，在保证一定的学习量的前提下，学习所探究的内容和主题，不同地区、不同学校、不同班级，甚至不同的学习小组，都可以进行不同的选择。

(3)课程组织的合作性、独立性。在实施过程中，教师在组织形式的选择上，应体现出合作性与独立性相结合的特点。学生的探究过程既有个体的活动，也有学习者之间的合作和交流。因此，在课程的组织形式上，既有体现独立性的个体活动的过程，也有体现合作性的小组活动的过程，还有体现集体性的全班交流活动。在某一个课题的探究过程中，这几种形式都会出现。

(4)课程评价的过程性。研究型课程在课程目标和内容上具有开放性的特点，因此，在课程评价中，不适宜运用目标评价，而应该运用过程性的评价方式。这样，研究型课程的评价就具有了过程性的特点。

研究型课程作为一种开放性的课程，为校本课程的开发提供了很好的契机，使校本课程的开发有了一定的载体。学校可以根据“以学习者、以社会发展为中心”的原则，开发适合学校实际教育条件和具体特点的课程。在研究课程中，除课程方面的专家、专门的课程设计者、教育行政部门人员之外，学校和教师也是课程的设计者和开发者，这是研究型课程的一个最典型的特点。

(四)课程在学校教育中的作用

1. 课程体现学校培养学生的蓝图

学校是培养人才的场所，办一所学校首先要有明确的教育目标和培养目标，要规定相应的教学任务。通过制定课程目标，规定课程内容及课程组织结构等，才能真正将学校培养人才的蓝图落到实处。所以，从这个意义上说，课程能体现学校培养人才的蓝图，离开了课程这个中心，谈论学校教育目标和培养目标的实现只不过是一句空话。

2. 课程是教师教和学生学的主要依据

课程主要体现于课程计划、课程标准和教科书，即使课程的内涵扩大到学生的经验，也仍是以课程内容作为学习的依据。在教学中，教师选择教学内容主要依据课程内容，以一定的目的引导学生，掌握基本知识和内容，并通过个人积极主动地学习和构建知识，促进自己的发展。从教的角度上看，教师备课、进行教学设计、选择教学方法等也必须以课程计划和课程标准为依据来进行，不能脱离这个根本。因此，课程是教师教学的主要依据，是关系到教学质量和教学成败的重要因素。

学生在学校学习的知识，无论是间接的还是直接的，都要通过课程呈现给学生。学生通过对这些知识的学习，掌握基本知识，形成基本能力，在此基础上促进自己的身心发展。在学校中，学生是以课程为基本的学习内容，为自己今后的学习和发展奠定良好的基础。课程是学生获取知识的主要源泉。

3. 合理的课程设置可促进学生的全面发展

在教育中，促进学生的全面发展和培养人的途径是通过教学来实现的。而在教学中，课程又居于核心地位。合理的课程设置对学生的发展具有十分重要的影响。学校通过开设各种类型的课程，一方面为学生的身心发展提供必要的基础知识，形成基本能力，另一方面为他们身心的发展创设一定的条件，让他们主动探索、体验，学会适应社会生活，形成创造能力，促进他们情感、兴趣和爱好的发展。所有这些都与合理的课程设置分不开。

4. 课程是评估教学质量的主要依据和标准

教学质量是教育教学中人们关注的一个焦点。教学质量评估可以多层次、全方位地进行，但最主要的衡量标准是学生的学业成绩，通过对学生学业成绩的考核，可以让学生找出自身的缺陷，确定努力的目标。对教师来说，可以改进自己的教学，促使自己不断地反思，力求取得最佳教学效果。其实，所有这些测验评价指标的建立都是依据课程来进行的，从命题到评分都必须体现该门课程的知识教学目标，全面体现该门课程的知识内容以及这门课程要求达到的能力水平。因此，课程可以说是衡量教学质量的尺度，离开了这个尺度，就无法评定教学质量的优劣。

二、体育课程概述

在全面发展教育的完整体系中，体育是一门特殊类型的学科，体育课程是学校课程的组成部分，它具有与其他学科不同的学科规律和特点。我国从清末 1903 年开始正式在学校设置体育课程，至今已有一百多年的历史。关于体育课程的研究较多，目前国内有关体育课程的定义主要有以下几种：

(1)体育课程是以发展学生体能、增进学生身心健康为主的一种特殊的教育性课程，它与德育课程、智育课程、美育课程、劳动教育课程相配合，共同促进学生身心全面发展，是整个学校教育的一个方面的课程。①

(2)体育课程是指为实现学校体育目标而规定的体育内容及其结构、程度和进程。它包括体育课程目标、体育课程内容、体育课时分配、课外体育锻炼等。体育课程不是一门学科的课程，而是全面发展教育的一个方面的课程②。

(3)体育课程是纳入学校教学计划的体育方面的有目的、有计划、有组织的活动。③

(4)体育课程是指为实现学校的教育目标，配合德、智、体、美全面教育，并

---

① 吴志超，刘绍曾，曲宗湖．现代教学论与体育教学[M]．北京：人民体育出版社，1993.

② 杨文轩，陈琦．体育原理导论[M]．北京：北京体育大学出版社，1996.

③ 于小霞．学校体育教育手册(上)[M]．天津：天津人民出版社，1998.

以发展学生体能、增进学生身心健康为主的特殊课程。①

(5)体育课程是指在学校指导下，为了使学生能在身体、运动认知、运动技能、情感与社会方面和谐发展的有计划、有组织的活动。②

上述几种体育课程的定义，一方面将体育课程定位在全面发展的教育课程，是提高学生体育素养的重要课程。另一方面，把体育课程定位在学科层面上，是学校教育课程中的一门特殊课程。

三、体育与健康课程

体育与健康课程是学校课程的重要组成部分。体育与健康课程是"以身体练习为主要手段，以学习体育与健康知识、技能和方法为主要内容，以增进学生健康、培养学生终身体育意识和能力为主要目标的课程"。③《义务教育体育与健康课程标准(2011 年版)》是国家教育主管部门制定与颁发的关于学生在体育与健康素养方面所应达到水平的基本文件，它体现了国家对不同学段学生在体育与健康知识、身体健康、运动技能、心理健康及社会适应能力等方面的基本要求，对原有的体育课程进行深化改革，突出健康目标。它是学校课程体系的重要组成部分，是实施素质教育和培养德智体美全面发展人才必不可少的重要保障。

第二节　课程标准与体育与健康课程标准

一、课程标准

课程标准是指在一定课程理论指导下，依据培养目标和课程方案以纲要形式编制的关于教学科目内容、教学实施建议以及课程资源开发等方面的指导性文件。④"课程标准"在我国并不是一个新词，最早可以追溯到清朝末年，在清政府颁布的各级学堂章程中，就有《功课教法》或《学科程度及编制》的章节，这是课程标准的雏形。明确以"课程标准"作为教育指导性文件的是 1912 年南京临时政府教育部颁布的《普通教育暂行课程标准》,⑤ 此后，"课程标准"一词沿用了 40 年。中华人民共和国成立初期曾公布了小学各科和中学个别科目的课程标准(草案)等。直到 1952 年，在前苏联教育理论的影响下，才用"教学大纲"取代了原来的"课程标

① 邹继豪．面向 21 世纪的中国学校体育[M]．大连：大连理工大学出版社，2000.

② 毛振明，赵立，潘绍伟．学校体育学[M]．北京：高等教育出版社，2001.

③ 中华人民共和国教育部．义务教育体育与健康课程标准(2011 年版)[M]．北京：北京师范大学出版社，2012.

④ 王道俊，郭文安．教育学[M]．北京：人民教育出版社，2009：132-133.

⑤ 顾明远．教育大辞典(第一卷)[M]．北京：上海教育出版社，1990：80.

准”。2001年教育部颁布了“包括‘体育与健康课程标准’在内的多学科的课程标准(试验)”，“课程标准”取代了中华人民共和国沿用50年的“教学大纲”，又一次成为教育指导性的文件。

课程标准是规范中小学教育的法定文件，是指导教师的教学实践、评价学生学习结果的重要依据。《美国国家科学教育标准》认为，科学教育标准是量度教育质量的准绳，量度的是学生们所掌握知识和能力的质量；给学生提供学科学之机会的科学大纲的质量；科学教育的质量；支持着科学教师和科学大纲的教育系统的质量；评价的具体做法和政策的质量。科学教育标准是检验课程进步大小的尺度，检验的是我们向着国家给一个造就优等人才的系统所定的科学学习与科学教学目标前进了多少。① 澳大利亚维多利亚州《课程标准框架》指出，课程标准描述的是学生学习所包括的主要领域及大多数学生在每一学习领域所能达到的学习结果。它为各个学校的课程计划、实施与评价提供了一种参照。《加拿大安大略共同课程省级标准》认为，课程标准是为评估学生学习而设计的一般标准。它的根本目的是给教师、家长和学生提供对期望的结果的清晰的陈述。② 顾明远主编的《教育大辞典》对课程标准的定义是：“课程标准是确定一定学段的课程水平及课程结构的纲领性文件。”③课程标准(结构)一般包括课程标准总纲和各科课程标准两部分。

课程标准在落实课程方案、指导课程实施中有着重要的意义。一方面，课程标准为教材的编制提供基本的依据，是编写教材、编好教材不可或缺的资源蓝本；另一方面，课程标准也使教师领悟并掌握一门课程的精神实质和学科体系，教师只有熟知课程标准的具体精神、把握课程标准的具体要求，才能够正确进行教学设计、开展教学活动、实施教学评价。

教学大纲是根据学科内容及其体系和教学计划的要求编写的教学指导文件，它以纲要的形式规定了课程的教学目的、任务；知识、技能的范围、深度与体系结构；教学进度和教学法的基本要求。它是编写教材和进行教学工作的主要依据，也是检查学生学业成绩和评估教师教学质量的重要准则。

教学大纲是以系统和连贯的形式，按章节、课题和条目叙述该学科的主要内容的教学指导文件。它根据教学计划，规定每个学生必须掌握的理论知识、实际技能和基本技能，也规定了教学进度和教学方法的基本要求。

大纲文本是对教学的基本内容所作的规定，是大纲的主体部分，反映教学内容基本结构及主要的教学形式，它是以学科的科学体系为基础，结合教学法的特点，

① 美国国家研究理事会．美国国家科学教育标准[M]．戢守志，等，译．北京：北京科学技术文献出版社，1999：16.

② 沈兰．关于制订课程标准的建议[J]．外国教育资料，2000，(5)：5.

③ 顾明远．教育大辞典(第一卷)[M]．上海：上海教育出版社，1990：380.

顺序地排列着该门课程教学内容的主题、分题和要点。一般以篇、章、节、目等，编制成严密的教学体系。在大纲文本中规定着本门课程教学内容的范围和分量，时间分配和教学进度，也在一定程度上反映课程学术观点以及教学深度、重点和难点。大纲文本还应把该门课程有关篇章的实验、实习或其他作业题目规定下来；还要介绍各篇章的教科书、参考书或其他参考资料和文献，以及必要的教学设备等。总之，文本部分反映了该课程的主线、知识结构以及实施环节。

教学大纲对保证规范我国的教学，保证国家对学校教学的统一管理以及保证教师教学的质量方面发挥过积极的作用。但随着社会的发展和素质教育的提出，教学大纲只规定了以知识教学为课程主要目标，忽视情感、态度和价值观的培养；规定的内容偏难、偏深、偏窄，对学生要求过高；强调教学过程，忽视了课程的其他环节；课程管理上“刚性”太强，而弹性不足等，这些弊端影响了课程的发展。

基于“教学大纲”的弊端和基础教育课程改革所倡导的基本理念及改革目标，可以这样认识课程标准：①

(1)课程标准主要是对学生在经过某一学段之后的学习结果的行为描述，而不是对教学内容的具体规定(如教学大纲或教科书)。

(2)它是国家制定的某一学段的共同的、统一的基本要求，而不是最高要求。

(3)学生学习结果行为的描述应该尽可能是可理解的、可达到的、可评估的，而不是含糊不清的、可望而不可即的。

(4)它隐含着教师不是教科书的执行者，而是教学方案(课程)的开发者，即教师是“用教科书教，而不是教教科书”。

(5)课程标准的范围应该涉及作为一个完整个体发展的三个领域：认知、情感与动作技能，而不仅仅是知识方面的要求。课程标准作为教材编写、教学、评估和考试命题的依据，具有可评估性、可理解性、可完成性、可伸缩性等性质。

二、课程标准的作用

如果说“课程是教育的心脏”，那么“课程标准就是课程的核心”。课程标准属于国家的课程文件，规定的是国家在某方面或某领域的基本素质要求，是基础教育课程改革的灵魂。因此，对教材编写、教学实施、教学评价具有指导意义，是教材、教学、评价的出发点和归宿。

(一)指导教材编写

国家课程要破除以往“一纲一本”、教材由国家垄断的局面，逐步建立开放的教材编写市场。课程标准就是教材编写要遵循的规矩。在编写某一学科的教学材料

① 钟启泉．为了中华民族的复兴 为了每位学生的发展[M]．上海：华东师范大学出版社，2001：172.

之前，应结合时代，深入理解这一学科的课程标准。每门学科的课程标准均阐述了这门课程的性质及该课程的基本理念，并单独用一部分内容阐述教材编写建议，为教材编写者提供更加明确、具体的指导。

（二）指导教学

课程标准吸取了教育学、心理学专家的智慧，听取了各方面的意见，从一般的教学规律、教学要求出发研究制定。课程标准中的规定既能体现社会发展对人才的需求，也反映了人自身发展的规律性特征。教师只有将自己的教学实践经验与理论要求相结合，才能使实际教学更便捷、有效地达到教学目标。教师在教学实践中能发挥自己的主动性和创造性，但如果脱离课程标准的指导作用，会使教学带有较大的盲目性，既误导学生的发展，又浪费了教学资源。课程标准对教学的指导作用体现在：

第一，使教师树立新的教学观。观念的转变要与教学实践相结合，教师只有结合具体的教学实践，运用新的教学方法，才能彻底转变观念。课程标准的颁布有助于教师树立新的教学观。

第二，指导教师组织教学。课程标准不仅规定了教师所要教授的内容，还告诉教师应该如何教。新一轮课程改革的理念与过去有很大不同。教师可以参考课程标准中的教学建议，理解课程改革的理念来实施新课程。

（三）指导课程评价

这里说的课程评价包括两个方面：一方面是指对课程实施过程的评价，评价的对象是课程本身；另一方面是指对课程实施结果的评价，评价的对象是学生的学习结果。两种评价都要以课程标准为基础，课程标准不仅影响评价的理念，也影响评价的方法。

制定课程标准的理念不同，评价的思想与方法也会不同。以前的教学大纲明确规定学习结果，但由于重视知识的掌握、成绩的高低，评价也随之以掌握知识的多少为主，以单一的考试为唯一的评价方法。新课程标准体现出当今教育以学生发展为本，关注学生的个性发展、全面发展和可持续发展的新特点、新趋势。各学科标准普遍淡化了终结性评价和评价的筛选、评判功能，强化了过程评价和评价的发展功能，并呈现出多元化的趋势，倡导采用成长记录、测验与考试、集体评价等多种评价方法。课程标准影响课程评价，进而也影响着课程实施的方向与效果。

三、体育与健康课程标准

2001年教育部下发的《基础教育课程改革纲要（试行）》指出：“国家课程标准是教材编写、教学、评估和考试命题的依据，是国家管理和评价课程的基础。应体现国家对不同阶段学生在知识与技能、过程与方法、情感态度与价值观等方面的基本要求，规定各门课程的性质、目标、内容框架，提出教学和评价的建议。”①这是

① 参见2001年6月教育部《关于印发〈基础教育课程改革纲要（试行）〉的通知》，教基[2001]17号。

对国家课程标准的功能和概念所作的简明界定，反映了课程标准对教学功能从传统的过于强调知识的传授，转变为既要重视知识与技能的传授，又要重视过程与方法，以及对情感态度与价值观的培养。使学生在获得基础知识和基本技能的同时能够学会学习和形成正确的价值观。

体育与健康课程标准是国家教育行政主管部门制定的关于学生在体育与健康素养方面所应达到的基本要求的指导性文件。它体现了国家对不同学段学生在体育与健康知识、身体健康、运动技能、心理健康与社会适应能力等方面的基本要求。它规定了体育课程的性质、目标及内容标准，并提出了教学与评价的建议，是管理与评价教学质量、编写教材实施教学的依据。体育与健康课程标准突出强调要尊重教师和学生对教学内容的选择性，注重教学评价的多样性，使课程有利于激发学生的运动兴趣，养成坚持体育锻炼的习惯，形成勇敢顽强和坚忍不拔的意志品质，促进学生在身体、心理和社会适应能力等方面健康、和谐地发展，从而为提高国民的整体健康水平发挥重要作用。

第三节　教材与教材分析概述

一、教材概述

《辞海》对教材的定义是：根据教学大纲为师生教学应用而编造的材料，主要有教科书、讲义、讲授提纲等，有时也包括供教师和学生用的教学参考书、教学辅助材料等。《中国大百科全书(教育卷)》对教材的定义则是：根据一定学科的任务编选和组织具有一定范围和深度的知识技能体系，一般以教科书的形式来具体反映；教师指导学生学习的一切教学材料，它包括教科书、讲义、讲授提纲、参考书刊、辅导材料以及辅助教材等，讲义和讲授提纲是教材整体中的主体部分。① 国内一些课程学者也提出了自己的看法。例如，廖哲勋认为教材是由一定的育人目标、学习内容和学习活动方式分门别类组成的可供学生阅读、视听和借以操作的材料。② 钟启泉认为，教材是教师在教授行为中所利用的一切素材和手段，它包括最标准的教科书，也包括形形色色的图书教材、视听教材、电子教材等，其中教科书是最具代表性的核心教材。③ 范应哲认为，教材是根据一定的教学任务而选择组织

① 中国大百科全书总编委会．中国大百科全书(教育卷)[M]．北京：中国大百科全书出版社，1989：146.

② 廖哲勋．课程学[M]．武汉：华中师范大学出版社，1992：197.

③ 钟启泉．基础教育课程改革纲要(试行)解读[M]．上海：华东师范大学出版社，2003：212.

的具有一定深度和广度的教学体系。教材是组成教学过程的四个基本要素之一，这四个基本要素是：教师、学生、教材和教学。①

目前学界比较认可的观点是教材的定义有广义和狭义之分。广义的教材是指在课程实施过程中教师和学生使用的所有教学材料，如教科书、练习册、活动册、实验报告、补充练习、辅导资料、自学手册、工具书、录音带、光盘、复印材料、报刊、广播电视节目、幻灯片、照片、卡片、教学实物、教学视音频等。教材的编写和制作可以由课程开发者或课程编制者完成，也可以由教师自己完成。广义的教材不仅是指装订成册或正式出版的书本，凡是有利于学习者全面发展的材料都可称为教材。

狭义的教材是指教科书。关于教科书的概念，有不同的解释。《美国大百科全书》将教科书定义为：教科书是为了学习，通过编制加工并通常用简化方法介绍主要知识的书。②《中国大百科全书(教育卷)》的定义为：教科书是根据教学大纲(或课程标准)编订的、系统地反映学科内容的教学用书。③ 德国学者施穆克认为，教科书是学校的教育工作者根据各州教育部的教学大纲，从一定的教育观点出发向学生提供各自学科的活动素材的辅助手段。④ 钟启泉认为，教科书的内涵主要从三个方面体现出来：第一，作为学生的知识体系所计划的事实、概念、法则、理论；第二，同知识紧密相关，有助于能力形成的各类心理作业与实践作业的步骤、方式和技术；第三，知识体系同能力体系的密切结合，奠定实践观基础的、表现为信念的、政治的、世界观的、道德的认识、观念及规范。⑤ 教科书是根据教学大纲(课程标准)编写的教学过程中教师和学生共同使用的材料，是教学活动的媒介。在教学实践中，教科书是教师设计和实施教学活动的主要依据，是开发课程资源的参照，是为使学生达到课程标准所规定的质量要求和内容载体。

一般来讲，教科书就是根据课程标准编制的教学用书。它以准确的语言、规范且明确的图表，系统、清晰地根据教学科目和一定的逻辑顺序编写教学知识。教科书在大多数情况下是由学科专家组织相关的学科教学工作者编写的。确切地说，教材不等于教科书，教材概念的外延比教科书宽泛，教科书仅是教材的一种形式。

二、教材分析

对教材的分析和理解是教师备课的首要环节，也是教学能否取得实效的关键。

---

① 范印哲．教材设计导论[M]．北京：高等教育出版社，2003：4.

② 周士林．世界教科书概况[J]．教材通讯，1985，(6)：12.

③ 中国大百科全书总编委会．中国大百科全书(教育卷)[M]．北京：中国大百科全书出版社，1976：145.

④ 钟启泉．现代课程论[M]．上海：上海教育出版社，1989：691-692.

⑤ 陈月茹．中小学教科书改革研究[M]．北京：教育科学出版社，2001：26.

教材分析目的在于深入理解和钻研课程标准，充分领会教材的编写意图，熟悉整个教材的基本内容，包括教材的知识结构体系、教材的教学目的和要求、教材的特点、重点、难点和关键；根据教学目的、内容和教学原则，按照课程标准的要求，结合学校和学生的实际情况，研究如何优化处理教材，如何突出重点、抓住关键、克服难点。只有明确教材中培养学生能力的因素，才能够选择恰当的教学方法和教学手段，制订合理可行的教学方案，提高教学质量。

第四节　体育与健康课程标准与教材分析的学习

一、学习的主要内容

具体来说，“体育与健康课程标准与教材分析”包括以下几个方面的基本知识和内容：

(1)体育与健康课程知识。主要包括课程的基本含义、课程目标、课程选择和组织、课程类型、课程编制等课程基础理论知识；中小学体育与健康课程性质、基本理念、设计思路及课程目标；国内外体育与健康课程发展演变等。

(2)体育与健康课程标准解析。主要包括体育与健康课程标准的含义及结构；体育与健康课程标准所规定的课程目标、内容标准；活动与探究要求及课程实施建议；中外体育与健康课程标准的相同点与不同之处。

(3)课程资源开发。主要包括课程资源类型、开发和利用的方法、原则。

(4)体育与健康教材分析。主要包括体育与健康教材分析的原则、模式、内容及方法。

二、学习的基本要求

“体育与健康课程标准与教材分析”是为即将步入中小学从事体育教师职业的师范生、教育硕士和体育教师参加研修或培训而开设的一门专业必修课程，其设置要符合高等师范院校人才培养的总目标——为基础教育培养师资。具体来讲，“体育与健康课程标准与教材分析”课程目标概括如下：使学生树立现代教育理念，掌握体育与健康课程理论的基础知识，习得体育与健康教材分析的基本方法，具备从事体育与健康教学设计前端分析和进行课程论研究的初步能力。

为了落实“体育与健康课程标准与教材分析”的课程目标，学习目标的内容应该达到以下要求：

(1)掌握课程论的基本知识，包括课程含义与发展、课程标准、课程目标、课程选择与组织、课程实施和课程评价等；掌握教材的基本知识，包括教材的含义、教材与教科书的关系、教材的开发与编写等。

（2）了解国内外体育与健康课程思想演变及改革的基本趋势，树立正确的体育与健康课程观。

（3）知道并能够描述中小学体育与健康课程的含义及类型、性质和理念，了解我国中小学体育与健康课程的结构模式和课程目标构建。

（4）了解我国义务教育体育与健康课程标准和普通高中体育与健康课程标准研制的背景，能够准确地说明体育与健康课程标准的结构要素，熟悉义务教育体育与健康课程标准和普通高中体育与健康课程标准的内容标准、教学建议，学会对体育与健康课程标准的内容进行分析，初步了解发达国家体育与健康课程标准的基本特点并与我国的体育与健康课程标准进行比较。

（5）了解我国体育与健康新课程资源开发的基本特点，掌握体育与健康课程资源的开发和利用的方法、原则。

（6）掌握体育与健康教材分析的一般原理（包括教材分析的原则、模式、内容、方法等），能够针对我国义务教育体育与健康和普通高中体育与健康教材的某一章或某一节进行教材分析，撰写教材分析文本，学会对中小学体育与健康教材分析案例进行评析。

思考题：

1. 谈谈你对“课程”的认识。
2. 试述课程标准与教学大纲的差异。

第二章　体育与健康课程的思想演变

第一节　现代体育课程化的演进

一、体育活动向教育内容的转化

现代体育作为教育手段源于中世纪后期，是伴随着社会生产力的发展而逐步形成的。西欧中世纪(11—15世纪)的骑士教育中，把一些体育活动作为骑士教育中的重要内容，如“骑士七艺”(骑马、游泳、投枪、击剑、狩猎、下棋和吟诗)中的六项内容是体育活动，其形式与现代体育十分相似，开启了体育作为教育内容的历史进程。

14—16世纪发端于意大利的“文艺复兴”打破了从中世纪以来神权专制的精神枷锁，对人文主义思想的高度重视，导致了对社会对教育的重视，人文主义者高度赞扬“健康的精神寓于健康的身体”的思想，使现代体育的教育特征凸显出来。

16世纪的宗教改革运动对体育的教育化又起到了推动作用。宗教改革者被称为新教徒以区别于天主教徒。新教各教派批判灵肉二元论，批判中世纪教会学校的重灵魂、轻身体的教育传统，而将体育作为教育的重要内容。马丁·路德指出“灵魂与肉体不是矛盾的，只有健康的肉体才能为宗教理想服务”，“保持身体健康是每一个基督徒的天职之一”。身体健全结实才能参加生产劳动，获得并保持财富，才可以救济贫困。他还认为：参加体育活动，不仅能驱散人们的烦恼、苦闷，而且使四肢得以充分发展，体育的价值得到不断挖掘和认可。从“肉体是灵魂的监狱”到“灵肉一致”的转变，开启了一个全新的时代：由于充分肯定了人和人世的合理性，对人和人体的研究才成为可能；以发展人性和人体为己任的现代体育，也才有可能最终形成并获得发展。

人们开始关心身体的娱乐与发展，一些民间游戏和军事训练活动开始被人文主义者用来作为培养绅士的手段。在意大利的维多里诺创办的“快乐之家”学校中，按年龄及兴趣分组组织学生每天到户外跑跳、骑马、击剑、游泳、射箭或玩球类游戏，因此他被尊称为“第一个新式的学校教师”。

洛克指出，通过体育获得健康的身体被认为是非常重要的，因为“健全的精神寓于健康的身体，这是对于幸福人生的一个简短而充分的描述”。① “我们要能工作，要有幸福，必须先有健康；我们要能劳苦，要能出人头地，也必须先有强健的身体”。② 虽然身体健康非常重要，但体育活动的人文教化作用更重要。他认为：跳舞“使儿童在思想上和姿态上具有丈夫气概的作用比什么都强”，“击剑与骑马既然被认为是一个绅士的教养所必备的”。③ 跳舞、骑马、击剑等，可以令人动作“优雅”和有“教养”。显然，对于上流社会的绅士们来说，教育只是使他们的思想和言语行为能与其绅士身份相称的最好准备，体育成为绅士教育的重要内容，对人的发展具有重要的人文价值。体育的身心二元价值认识促使体育活动内容向教育内容转化。

二、体育活动向体育课程转变

启蒙运动是继文艺复兴后欧洲的第二次思想解放运动。在此思想的影响下，现代教育得到了迅速的发展，体育逐渐完成了从“活动”向“课程”转变。夸美纽斯是推动学校体育发展成为课程的先驱者，他认为，“身体不独是推理的灵魂的住所，而且也是灵魂的工具”。要做一个健全的人，除具备学问、德行、虔诚之外，还必须拥有健康的身体，以保证人的机能和智能正常发展，达到“身心两方面的一种和谐”。“假如身体不健康、任何部分受了损害，它的客人——灵魂，便住在一个薄待客人的住所”。在夸美纽斯看来，学校教育主要应加强对儿童身体的训练。

巴塞多于 1774 年在德意志的德绍创办了一所博爱学校。该校每年用暑假两个月的时间让学生在野外进行体育活动，最初采用传统的骑士项目，如击剑、舞蹈、骑马、腾越等，后来陆续补充了跑、跳、投掷等“希腊体操”和德国民间的各种球类游戏及撞球游戏等，终于形成了以德绍五项(跑步、跳高、攀登、平衡、负重)闻名于世的体育课程的雏形。随之体育教育的课程方式传到欧洲各地，进而促使各地体育教育从内容到方法渐趋接近。

德意志教育家古茨姆茨进一步发展了学校体育的课程形式。古茨姆茨是 1784

① [英]约翰·洛克．教育漫话[M]．傅任敢，译．北京：教育科学出版社，1999.
② [英]约翰·洛克．教育漫话[M]．傅任敢，译．北京：教育科学出版社，1999.
③ [捷]夸美纽斯．大教学论[M]．傅任敢，译．北京：人民教育出版社，1984.

年创办的雪尼芬撒尔学校的教师，从1786年起负责该校的体育课。他在教学活动中按照学生年龄和能力分组的教学组织形式；课程被分为导入、观察、矫正、助成、测定、评价几个部分，并按运动目的、运动性质、运动解剖学和运动类型4个原则对所选择的教材进行分类，使体育方法体系化。① 在1793年出版的《青年体操》一书中，他在书上把体操方法分为固有的体操运动、手工劳动和游戏三大类，固有体操被作为基本运动，包括跑、跳跃、投掷、角力(摔跤)、悬垂、平衡、游戏性运动(举物、搬运、倒立、拔河、跳绳和翻滚等)、有秩序的运动(包括舞蹈、步行和兵式体操等)8项。

19世纪瑞士著名的教育家裴斯泰洛齐指出，教育“在于按照自然法则发展儿童道德、智慧和身体各方面的能力，而这些能力的发展，又必须顾到它们的完全平衡”。在他的和谐发展教育课程体系中，各门课程被分为体育与劳动、道德教育和重视知识积累的智育三类，体育的任务是要把所有潜藏在人身上的天赋的生理力量全部发展出来；没有各种体力的发展，劳动的教育、劳动的习惯、技能的培养训练就谈不到。裴斯泰洛齐认为人体运动的基本要素是关节活动，它表现为简单的搬、推、拉、摇等基本动作，可以结合构成各种复杂的动作，主张按照关节活动的难易程度安排体育活动的教学顺序。体育课程的体系化建设思想出现。

从19世纪后半期到20世纪初，欧美许多国家陆续制定了相应的政府法令或通过议会立法，将体育作为各级学校的必修课程，从此体育作为学校课程体系的重要部分而确立下来。

三、体育课程的科学化发展

随着现代生物—医学的发展，体育课程系统化、科学化、实践性的倾向日益突出。斯宾塞构建了科学主义课程理论的完整体系。他把全部教育内容分为五类，其中第一类(直接保全自己的活动——保持和维护身体健康)和第三类(为了正当地完成父母职责所需要的知识)，体育占有重要的地位。他在《教育论：论体育》中详细讨论了体育课程的性质、任务与内容，论述了人的养护与锻炼，认为游戏和自然运动优于体操：“生命的科学尽管还是很粗浅，可是已经了解了一切有机体(包括人在内)发育上的某些基本原理。现在所要做的、而我们将努力做到某种程度的，就是探求这些基本原理和儿童青年身体训练的关系。”他认为，“为了直接保全自己或是维护生命和健康，最重要的知识是科学”，科学技术革命和体育的课程化推动了体育的科学化进程。

在19世纪，丹麦、瑞典、法国、德国和美国等先后开办了体操学校或体育师范学校，以培养专门的体育教师，成为体育科学化最明显的标志，更加有效推进了

① 岸野雄三等．体育人物思想史[M]．东京：东京不昧堂，1979.

体育课程科学化的进程。

第二节　国外体育课程发展的主要思想

一、20世纪前期的体育课程思想

(一)自然主义体育思想

自然体育思想源于18世纪60年代的欧洲，它首先来源于自然主义的教育思想。早在卢梭以前就有了自然主义思潮的渊源与萌芽。现在普遍认为，卢梭是“体育”这个词的创始者之一，卢梭的自然教育思想使“体育”这个词从一开始就具有了自然主义的意蕴。卢梭之后，继承自然主义教育思想的有巴塞多、裴斯泰洛齐等人。而在这些人之中，德国的巴塞多和古兹穆茨最先使体育成为学校的正式课程之一。其后，被称为德意志学校体育之父的施皮斯(1810—1858年)及奥地利的高尔霍费尔(1885—1941年)承继了自然体育思想的衣钵，特别是高尔霍费尔建立了以保健和有利于促进青少年发育为特色的教材体系，主要包括补偿运动(柔软性、弛缓和肌肉力量的补偿，以消除或改善体格上的欠缺)、形成运动(运动形成与姿势形成)和完美运动(竞争游戏、防卫运动、冬季运动、游泳和基本运动等)。在教学法方面，他提出了以生物学为基础的儿童中心主义(尊重儿童的运动需求)，在授课安排上，他第一次提出要系统地考虑速度、耐力和灵敏的运动学特性。高尔霍费尔的自然体育思想对欧洲各国的体育课程产生了极大的影响。

多数研究者认为，自然体育的基本观点是：以儿童为中心，让青少年按照自然适应性原则去自主进行运动学习和体育锻炼。运动学习和体育锻炼的内容要符合儿童的兴趣和本能冲动，强调运用自然手段锻炼身体，通过身体运动来教育人，形成知识和技能，并从中获得乐趣。

自然体育思想来源于自然主义的教育思想，因而强调体育的教育意义，重视体育对人全面教育的作用，进而主张“体育即生活”的观点，提倡“教育化的体育”，推崇自然生活，主张体育与教育一样，目的在于教育人，强调“个性自由发展”，提倡通过体育培养“民主、自由”的意识，强调人的自然本性，重视人生的意义，强调体育的娱乐价值。

自然主义体育思想在学校体育目的上强调达到文化教育目的，偏重于社会的、道德的发展和文化娱乐生活的目标；在手段上，主张采用适应学生兴趣和需要的自然活动；在方法上，让学生自由活动，以儿童为中心，从儿童的“个性自由”和“个性发展”出发，在做中学习，自己去学习体会。可以说，自然主义体育思想是一个有着内在紧密联系的理论体系。从历史发展的角度来看，自然体育思想带来了较系统的学校体育理论和方法，客观上促进了学校体育的发展，加速了学校体育理论的丰富和发展。

（二）“新体育”思想

对世界学校体育产生巨大影响的另一批学者是美国教育家杜威和美国“新体育”学派。杜威高度评价游戏的教育作用，他认为“任何时代任何人，对于儿童的教育，尤其是对于年幼儿童的教育，无不在很大程度上依赖于游戏和娱乐”。他主张从儿童的特性出发进行教育，因而他的思想被不适当地概括为“儿童中心思想”。伍德和赫塞林顿的“新体育”理论是美国新教育（或称进步主义教育）运动中体育课程改革的主要理论。“新体育”理论认为：传统的德式体操和瑞典体操未能很好地完成体育的任务，需要对体育的目标和手段重新进行诠释。早在1893年，伍德就在全美教育学会的会议上指出：“体育的伟大理想不仅是限于身体方面的训练，更重要的是体育与全面教育的关系，然后是使身体能在个人生活的环境方面、训练方面或是文化方面充分发挥它的作用。”赫塞林顿认为：“新体育”新在新的理论，强调“育”，“‘体’字表示整个机体的活动，而不是仅有智力才是教育的手段”，“教育既不是为身体，也不是单为精神，而是要发展由教育活动而实现的人类的一切能力”。他把新体育分为四个方面：机体教育、神经肌肉活动教育、品德教育和智力教育。

二、20世纪中期的体育课程思想

第二次世界大战以后，各国青少年的体质都不同程度地有所下降。为了遏制下降趋势，各国采取了相应措施。1955年美国成立了总统青年体格健全委员会，瑞典建立了5000多处体育和娱乐俱乐部。英、法等国也通过办体育夏令营、体育沙龙等形式，在青少年中大力提倡体育运动。各国都通过增加各级学校体育课时、增加经费、实施体质测试标准制度等方式，加强了对体育课程建设力度。

随着战后美国影响力的扩大，自然体育思想成为战后初期欧洲各国体育的主流。英式、美式竞技运动取代了许多大陆国家体育中体操所占有的主要地位。东欧及亚洲各社会主义国家，一般采用前苏联模式。在学校体育课程思想方面，除了强调共产主义思想教育以外，其强烈的主智主义——科学主义色彩成为其课程体系的特色，突出表现是课堂中心、教师中心和教材中心，而这三个中心的核心则是各学科的基本知识与基本技能。在这套课程体系中的体育课程的学科中心特色也十分突出。

三、20世纪后期体育课程思想

（一）“终身体育”思想

20世纪60年代以来，随着终身教育的兴起，各国体育与健康课程的改革都十分重视学生终身体育态度的形成与体育能力的培养。20世纪60年代末，前苏联学者明确提出了终身体育的主张。1970 年，欧洲娱乐会议发表了“休闲与娱乐宪章”。1975 年，欧洲共同体通过了“大众体育宪章”，努力促进各国大众体育的发展；联合国教科文组织成立了“政府间体育运动委员会”，主要任务是“促进大众体育的发展”；1976 年联合国教科文组织召开关于青少年体育的会议，确认了终身体育的普遍价值。

1978 年，教科文组织又通过了《国际体育运动宪章》，宣布“体育运动是整个教育体系的重要组成部分，是生涯教育中不可缺少的重要因素”。世界各国相继制订了大众体育发展的计划，“终身体育”和“休闲体育”的思想已对世界体育产生了越来越广泛和深刻的影响。

日本 1972 年的《迈向 21 世纪体育运动振兴策略》提出了“终身体育”的命题，强调体育运动应是贯穿每个人一生的生活内容。这导致了日本学校体育思想由体力教育和运动教育论向运动目的论的转变。1978 年的《体育学习指导要领》提出：应将学校体育与终身体育联结起来，教师不仅要在锻炼学生体力和塑造人格上下工夫，而且要让学生体验运动乐趣，让学生终身热爱体育运动。1987 年颁布的《日本教育改革基本方针》更明确指出：终身教育和终身体育是今后日本学校教育和学校体育的基本方向。《体育学习指导要领》提出：要“保持并增进健康”，“养成终身锻炼的习惯，从而健康安全地度过一生”。俄罗斯、美国等国家也明确提出要通过体育课程让学生掌握从事终身体育活动所需要的体育知识和技能，促进学生提高自我锻炼的能力，形成终身体育的态度和习惯，终身体育的课程理念基本形成。

(二)“体育为健康”思想

随着各国对健康问题的普遍关注和“体育为健康”口号的提出，各国体育课程的改革都突出增进健康的目标。美国一些学校体育专家明确提出，要使社区公共健康逐渐增加的兴趣主要集中在学校体育对儿童健康的贡献方面；体育在公众健康方面的目的是为儿童终身有规律的体育活动奠定基础；体育教师追求学校体育的公众健康目标以及与其他公众健康工作者结合起来增进美国公众健康是适当的，而且是适时的；如果想终身保持健康的体魄，我们锻炼身体及进行体育活动的一整套方法都需要彻底改进，应把那些十几岁的学生在完成中学学业后仍持续进行很长一段时间的个人体育锻炼活动，引入学校的体育课程之中。

日本《体育学习指导纲要》也明确提出：要让学生理解有关健康和安全的基本知识，培养学生自主的、健康的生活能力和态度。要求通过运动促进身体的生长发育，而不仅仅是学习掌握一些运动技能，而且要求学生掌握一定的保健知识，培养学生的保健意识，形成科学合理的行为习惯与生活方式。

(三)“以学生为本”思想

各国的体育与健康课程改革都强调“以人的发展为中心”。美国加州体育课程标准明确指出：让所有学生都有一种通过与他们的生活紧密相关的运动而获得健康生活方式的愿望和能力；体育课程应该在满足每个学生个性需要的基础上提供不同的适宜教学方法；教师要重视学生的种种差异，为所有学生规划学习进程，并有利于所有学生的发展；让所有学生在活动中得到乐趣。英国体育课程标准强调：为了满足学生的广泛需要，教师应该认识到给所有学生同等机会的重要性，并采取一些特别的措施来满足学生的不同需要：营造有效的学习环境；保护学生的学习动机和注意力；通过适宜的教学方法提供平等的学习机会；使用适当的评价方法。该课程标准还指出，体育课程要在精神、道德、社会、文化、技能等方面促进学生的学习和发展。俄罗斯体育教学大纲曾明确提出：体育教育切不可局限于增强和发展体质，应使之有助于完成学校的主要任务——培养和谐发展的人。因此，教师要保证学生主体地位的确立，考虑学生的兴趣、爱好和需求，重视学生的情感、认知、行为的有机联系，注重体育对人格培养的特殊价值，强调培养学生正确积极的态度、良好的情绪、自主学习和社会交往的能力等。

第三节　我国体育教育思想的变革

一、早期强国强种的民族主义体育思想

第二次鸦片战争(1856—1860年)以后，在我国的教会学校数量得到了较大发展，开设体育课和课外体育活动的学校也逐渐增多。洋务运动有力地推进了我国的体育课程化进程。如北洋水师学堂的"学生入学，授以英国语言，翻译文法……推步、测量、驾驶诸学。虑其或失文弱，授之枪，俾习步伐，树之桅，俾习升降，以升降娴其技艺，即以练其筋力"。开设击剑、刺棍、木棒、拳击、哑铃、算术竞走、三足竞走、跳远、跳高、足球、爬桅、游泳、平台、木马、单杠、双杠及爬山等课程内容。1878年在上海开办的正蒙书院，有击球、投沙囊、投壶、习射、蹴鞠、超距、八段锦诸课，分日轮流演习。

1894年甲午战争以后，康有为、梁启超、严复等人疾呼变法维新、救亡保种。严复在1895年1月发表的《原强》一文中，称力、智、德三育为国家民族富强之基础，而民之手足体力尤为重要。他大声疾呼："今者论一国富强之效，而以其民之手足体力为之基。"此后，优胜劣汰、适者生存之说，强国强种之议，风行海内。当时人们评论戊戌变法失败之后的社会风气是："一曰人知危亡，不肯安于守旧……二曰人慕欧风，多讲求于西学……三曰人耻文弱，多想慕于武侠……有志之士，乃汇集同志，聘请豪勇军帅，以研究体育之学。"

严复提出的通过发展力、智、德三育来达到以自强保种、救亡图存为目的的尚力思想是在中国遭遇空前的民族危机之际，并且对西方和日本强大的历史原因进行思考之后的产物。它对本世纪初20年的中国社会和中国体育产生了广泛而深刻的

影响。

二、军国民主义体育教育思想

军国民教育思潮是流行于清末民初的一种"通过对学生和全体民众进行尚武精神的培养和军事素质的训练，使他们具有军人的品德和体质，以达到抵御外侮、寓兵于民的教育思想潮流。主要内容包括：批判传统文弱教育，宣传尚武精神；在各级各类学校中开展军事知识和技能训练；重视学校体育；在社会上加强军事教育和训练"。1895 年康有为在"公车上书"中已经提出"寓兵于民"的主张。但首先使用"军国民主义"一词的是蔡锷，1902 年他在《新民丛报》发表了《军国民篇》一文，提出要"以军国民主义普及四万万"国人。此后，军国民主义思潮席卷朝野，人们普遍认为：养成尚武精神必须从体操入手，以增强国民体质。

1901 年，清政府下令将全国的书院改为学堂，1903 年《奏定学堂章程》的颁行，结束了我国古代学校基本上没有体育课的历史，这标志着中国现代教育和体育制度的正式确立。《奏定学堂章程》规定：各级各类学校的课程设置中，必须设置"体操科"。课程内容是：普通体操和兵式体操，并强调"宜以兵式体操为主"，"各学堂一体练习兵式体操以肄武事"。在 1906 年《学部奏请宣示教育宗旨折》中，将"忠君、尊孔、尚公、尚武、尚实"作为教育宗旨，提出"凡中小学堂各种教科书，必寓军国民主义，俾儿童熟见而习闻之……稍长者以兵式体操严整其纪律，以造成完全之人格"。辛亥革命后提出的教育宗旨中，包括军国民教育、实利主义教育、公民道德教育、世界观教育、美感教育 5 个方面，体育也是军国民教育的主要内容，体育课程得到了前所未有的重视。

军国民教育思想对近代教育和体育课程发展产生了巨大的影响，它推动了近代体育课程的确立，冲破了传统教育重智轻体的束缚，促进了"尚武"风气的形成。

三、自然主义体育思想

五四运动以后，我国学校体育课程的指导思想发生了较大的变化，最主要的标志是"兵式体操"的衰落。五四运动前夕，教育界和体育界就纷纷提出学校应废止军国主义的兵操的主张，但是"兵式体操"的最终衰落，与自然主义体育思想的传入与发展有直接关系。

在五四运动时期，美国的实用主义教育学说在"反对专制主义"教育的旗号下，通过美国教育哲学家杜威和其弟子胡适等人传入我国。在北洋政府的支持下，很快在教育领域取得了支配地位。与此同时，受欧美自然教育观和实用主义教育学说影响而形成的自然主义体育思想，也被介绍到我国。此后，一直到中华人民共和国成立，自然主义体育思想是影响我国学校体育的重要理论。自然主义体育思想主张教育和体育的目的在于培养人，促进群居(社会化)，留传文化；主张以儿童为中心，强调“个性自由发展”。因此，进一步主张“体育即生活”，提倡“教育化的体育”，推崇自然活动，反对德、瑞式的人为体操。

自然体育思想在中国的传播，对我国当时的学校体育产生了重大影响。首先，由于它强调人的本性，重视人生的意义，因而在“五四”时期被作为批判军国民主义体育的武器和否定兵操的理论依据之一。其次，由于它强调体育的教育意义，重视体育对人全面教育的作用，因而提高了体育的地位，促进了人们对体育教学规律和体育教学法的研究。如体育教学中的“设计模仿法”、“分组教学法”等，就是在这样的背景下产生并流行的。从 1919 年全国中学校长会议通过的决议中，可以看出自然体育思想的内容和影响：

(1)体育必须注重身体全部之平均发育；

(2)运动必须以团体普及为主，选手竞技次之；

(3)竞技运动必须依学生年龄体格，分组练习；

(4)运动种类，必须取多变化且饶兴味者；

(5)厉行勤劳主义，注意清洁卫生；

(6)注重国技。

自然体育思想对“五四”以后的中国体育产生了巨大的影响，促进了体育的科学化和社会化，促进了对儿童身体发育规律和体育教学过程的研究，它的许多观点至今仍有现实意义。

四、中华人民共和国学校体育课程改革

中华人民共和国成立以来，在广大学校体育工作者的共同努力和社会、学校的大力支持下，我国的基础教育体育课程改革取得了很大的成就。中华人民共和国建立以后，学校体育课程的指导思想又发生了较大的变化。这主要体现在对革命根据地体育思想的继承，以及对美国实用主义与自然主义的批判和对前苏联主智主义的引进。

中华人民共和国成立以后，革命根据地的“体育革命化、大众化”的红色体育思想在中华人民共和国得到了继承和发扬。1950 年 6 月，针对当时广大学生健康不良的实际情况，毛泽东做出了“健康第一”的指示。1951 年，政务院发出了《关于改善各级学校学生健康状况的决定》，提出：“切实改进体育教学，尽可能地充实体育娱乐的设备，加强学生体格的锻炼”；“学生每日体育、娱乐活动或生产劳动时间，除体育课及晨操或课间活动外，以一小时至一小时半为原则”。1952 年，教育部和国家体委联合颁布了《学校体育工作暂行规定》，其中明确指出：“促进学生身心发展，增强体质，并对学生进行道德品质的教育，使他们能很好地完成学习任务，从事社会主义建设和保卫祖国。”从此，增强体质、健康第一为生产建设和国防建设服务成为学校体育课程的主要目标，体育课教学带有一定的军事色彩。

为了进一步搞好中华人民共和国的学校体育，我国当时引进了世界上第一个社会主义国家——前苏联的学校体育经验和模式。1951 年，开始学习前苏联的《准备劳动与卫国体育制度》；1953 年，教育部组织国内学者翻译了前苏联十年制体育教学大纲；在改造旧的、建立新的学校体育过程中，除了引进前苏联的主智主义体育理论以外，当时还结合爱国主义教育和抗美援朝等政治运动，批判了亲美、恐美、崇美的帝国主义奴化思想，在民国时期曾流行一时的、有一定积极意义的美国的实用主义和自然主义体育思想，也未能幸免，遭到了不加分析的全盘否定。主智主义体育理论是在前苏联凯洛夫教育理论影响下形成的一种体育学说。其特点是：注重体育过程中精神和道德品质的培养，教学中重视基本素质、基本技能和基本知识的掌握，注重老师和课堂教学的中心地位，在课程结构方面，主张将一堂课分为准备、基本、结束 3 个部分。1956 年教育部先后编订并颁发了中华人民共和国第一部大、中、小学体育教学大纲。大纲规定了中华人民共和国学校体育课程总的指导思想，主要内容有以下三点：一是坚持社会主义方向，即学校体育应该为无产阶级政治服务，为中华人民共和国的生产建设和国防建设服务；二是注意发挥学校体育的教育价值功能，即对学生进行体育知识和技能的教育，进行共产主义思想道德品质教育；三是学校体育应面向全体学生，要坚持普及为主。不难看出，其中的增强体质、健康第一，为生产建设和国防建设服务和重视"三基"传授的主智主义体育理论的影响。这种体育教育理论对我国影响极大，至今在我国的体育课程中仍积淀着厚厚的印迹。

1979 年教育部在扬州召开了学校体育工作会议，开启了学校体育思想多元化发展的新局面，各种国外的体育思想和体育教学理论与教学法，如结构教学法、快乐体育、成功体育、探索教学法等，开始在学校体育界广泛传播和实验。但由于多数论述和实验集中在课堂教学改革方面，对学校体育思想和体育课程理论少有涉及，因而在 20 世纪 90 年代以前，以"三基"和"三中心"为特色的主智主义体育教育特色并未发生根本改变。

90 年代后，体育课程对改善学生的体质状况发挥了重要的作用；"增强学生体质"已成为学校体育工作者的共识；建立了一套较为完善的、规范的体育课程管理体系，教材的选择性加大，"一纲多本"教材的多样化有所体现，教材质量逐渐提高；体育教学研究取得了长足的发展，在教学实践中出现了一些注重学生主动、积极、快乐学习的成功改革经验。然而，根据"素质教育"、"健康第一"、"终身体育"的思想，当年的基础教育体育课程体育观念滞后，已不能适应时代发展的要求和教育改革的需要；体育课程内容与学生的身心特点、需要、社会生活脱节，难以激发学生的学习兴趣和培养学生的体育能力，难以与终身体育接轨；体育课程的实施过程以教师为中心、以竞技运动为中心、以提高身体素质为中心，使得学生的主体性、创造性难以发挥；体育课程学习评价过分注重学生的体能与运动技能，对于其他方面关注不够，而且评价标准“一刀切”，采用绝对性评价，导致不少学生对体育课产生害怕，甚至厌恶情绪；体育课程管理过分集中，不能适应我国各地、各校经济、教育、体育发展的实际与需要。

1999年6月颁布的《中共中央国务院关于深化教育改革，全面推进素质教育的决定》明确指出，“健康体魄是青少年为祖国和人民服务的基本前提，是中华民族旺盛生命力的体现。学校教育要树立健康第一的指导思想，切实加强体育工作，使学生掌握基本的运动技能，养成锻炼身体的良好习惯”。这一决定为我国基础教育体育课程改革指明了方向。但是以往的国家至上、学科中心和教师中心的课程模式，因其效果不佳而不得不进行新的探索。“人本主义体育观”就是在这种背景下诞生的。

人本主义体育观强调体育课程的实施要以人为本，以学生为主体，充分考虑学生的个体特点和需要，教学要特别重视学生的感受和体验，必要时可以打破学科中心和教师中心的传统模式。在人本主义体育观的指导下，近几年开始的体育课程改革，从课程理念、课程内容到课程评价等各方面，都进行了大刀阔斧的改革。2001年，教育部印发了《基础教育课程改革纲要》，同时颁发了小学和初中各学科课程标准；同年9月，各学科课程标准在部分学校开始施行，此后逐年扩大实验范围；2003年，颁布了《普通高中体育与健康课程标准》，次年在海南、广东、宁夏、山东四省全面进行实验。

与以往体育教学大纲不同，课程标准在课程的名称、指导思想、目标体系、学段划分、内容标准、教学时数、评价方法等许多方面，均发生了重要的性质变化，体现了将素质教育的理念落实在课程标准之中的极大努力，表现出体育课程的新特征：

(1)力图突破学科中心，关注学生的全面发展而不是体育学科知识体系的完整传授，强调学生体育兴趣和体育实践能力的形成，为终身体育打基础。

(2)强调学生体育认知经验的重要性，关注学生体育经验、能力、情感、态度、价值观和健康状况的变化，而不仅仅是知识、技能和体质目标的达成，努力改变传统体育课程过于注重运动技能传授的倾向，使获得基础知识与基本技能的过程同时成为学会学习和形成正确体育价值观的过程。

(3)构建弹性化的课程内容结构，以适应多元化的体育需求。

(4)强调以学生发展为核心的学习评价改革；改变传统课程评价中过分强调运动成绩、过于注重甄别功能的倾向。

(5)强调课程的分级管理和教师在体育课程建设与实施中的作用。

虽然新一轮体育与健康课程改革的准备不是十分充分，对体育与健康课程改革的内容和方式等还存在一些不同意见，在实验过程中也暴露一些问题，但体育与健康课程改革的基本方向和做法得到了各方面、特别是中小学师生的广泛支持。突出健康价值和学生在体育学习过程中的主体性，强调学习过程和学生体育兴趣、学习经验、情感、行为、态度的价值思想，正在日益深刻地影响着我国学校体育教学的面貌。

2007 年 4 月，教育部又启动了各学科课程标准的修订工作。2011 年 2 月教育部基础司领导以及国家级的课程专家们审读了各学科课程标准的最新修订稿，新的《义务教育体育与健康课程标准(2011 年版)》已出台。

思考题：

1. 德绍学校对学校体育作出了哪些贡献？
2. 我国早期学校体育教育思想是怎样形成的？
3. 简述凯洛夫教育理论对我国学校体育思想的影响。
4. 中华人民共和国学校体育课程改革主要经历了哪些阶段？

第三章　体育与健康课程标准的制定与设计思路

第一节　体育与健康课程标准制定的背景

体育与健康课程标准是在一定的历史背景下产生的，它既考虑到我国体育课程的历史与现状，又考虑到我国体育课程的改革和发展，既考虑到社会发展和教育改革的形势对体育课程改革的需要，又考虑到体育课程本身的特点及其生物学、心理学和社会学基础。体育与健康课程标准力求既适应世界体育课程发展的共同趋势，又符合我国体育课程建设和改革的实际情况。只有这样，才能使体育与健康课程走向实际，才能真正成为促进学生健康发展的课程，才能有效地发挥本课程的育人、育心、育体的功能和价值。

一、基础教育课程整体改革大背景对体育课程改革的呼唤

《基础教育课程改革纲要(试行)》对中小学课程改革提出了明确的目标：改变课程过于注重知识传授的倾向，强调形成积极主动的学习态度；改变课程结构过于强调学科本位的现状；改变课程内容“难、繁、偏、旧”和过于注重书本知识的现状，加强课程内容与学生生活以及现代社会和科技发展的联系；改变课程实施过于强调接受学习、死记硬背、机械训练的现状，倡导学生主动参与、乐于探究、勤于动手，培养学生搜集和处理信息的能力、获取新知识的能力、分析和解决问题的能力，以及相互合作的能力。改革课程评价过于强调甄别与选拔的功能，发挥评价促进学生发展、教师提高和改进教学实践的功能。在我国整个基础教育课程改革的过程中，体育课程的理念、目标、内容、方法、组织、评价等都急需改革，以适应整个基础

教育课程改革的精神。

二、体育课程的问题呼唤体育课程的改革

中华人民共和国成立以来，我国的基础教育体育课程在不断改革与发展。“素质教育”、“健康第一”、“终身体育”等思想稳步推进了课程改革。然而，随着我国经济、文化的快速发展和改革的不断深入，我国的基础教育体育课程改革中的一些问题逐步显现，在不同地区和学校又表现出不同特点，主要表现在以下几方面：

(1)竞技体育观念根深蒂固，多元体育观念尚未建立。竞技体育观、阶段体育观、体质教育观依然存在，已远远不适应教育发展的要求和体育多元价值的后现代需求。

(2)体育课程内容选择与学生需求尚未完全吻合。教学大纲规定的和自选的一些内容、组织形式、教学方法还远不能适应学生的身心发展特征和需要，有的远离学生的生活经验，不能很好地激发学生的学习兴趣和培养体育能力，终身体育目标难以实现。

(3)以教师为中心的思想和做法依然没能改变。体育课程的实施过程以教师为中心，过分强调教师的主导作用，忽视了学生的兴趣爱好，忽视了学生的主体地位，忽视了学生的创造精神。

(4)体育课程过分注重结果的评价，注重整体而忽视个体的差异性，评价标准“一刀切”，采用绝对性评价，体现不出学生的个性差异与体育特长。

(5)我国各地、各校经济、教育、体育发展严重不均衡。教学大纲因其统一性难以实施，学校的不同特点难以完成教学大纲要求，致使资源利用不足，开发资源意识较差。

三、人们的健康需求呼唤体育课程改革①

生活方式指人们在某种价值观念指导下的各种生活活动的方式，这些方式直接影响着人类的健康。20 世纪 90 年代 WHO 的全球调查就表明，对于人的健康和寿命来说，生活方式和行为起主导作用，占 60%，环境因素次之，占 17%。随着我国以电子计算机、生物科学、材料科学、信息科学为代表的科学技术迅猛发展，社会劳动生产方式发生了巨大的变化。一方面，人们的生活虽然越来越舒适和便利，但身体活动的时间却越来越少。例如，现在许多人上楼乘电梯，出门坐汽车，在家动动手指、按按键盘就可以使用各种家用电器，减少了大量家务劳动。另一方面，在食物异常丰富的今天，人们不能合理地控制自己的饮食，也造成了脂肪和蛋白质等营养过剩。在营养过剩、运动缺乏的生活方式下，身体的机能很难得到充分的利用和发挥，久而久之便会退化，各种“文明病”、“富贵病”(如心脏病、高血压、糖

① http：//www.pep.com.cn/tiyu/jszx123/kcbz/kbjd/201008/t20100831，848809.htm.

尿病和肥胖症等)便随之而出。这些现象都是现代舒适生活的代价。

现代生活方式病的急剧增加严重威胁着人类的健康，并成为全球关注的社会性问题。一是心血管疾病急剧增加。世界卫生组织的统计表明，发达国家的死亡人数中有一半是死于心血管疾病；加拿大人的死因构成中，心血管疾病居于首位，每年夺去7.9万人的生命；美国的死亡人数中，有54%是心血管病症所造成的；日本人和俄罗斯人的心血管疾病的发病率明显增加。更令人担忧的是，美国5~8岁的儿童中，40%存在着高血压和高胆固醇问题。二是肥胖症人数不断增加。发达国家的肥胖症极为普遍，美国有6000万人超重，占总人口的1/3；英国有13%的男子、16%的女子患肥胖症。三是糖尿病患者增多。美国每年有800万人患糖尿病，加拿大65岁以上的老人有11%是糖尿病患者。四是心理疾病的患病人数大量增加。世界卫生组织的一份报告指出，全世界有30%~40%的求医者有心理卫生问题，美国已有近5000万人存在不同程度的精神卫生问题。人们的生活方式和非健康行为使其身心不能应付环境的刺激，从而导致某些生理、心理、社会等方面的不良反应。现代社会生产生活方式是一把双刃剑，在给人类的健康带来益处的同时又给人类的健康造成了很大的危害。

由于科学技术的发展，从事脑力劳动的人数在全部就业人口中的比例逐渐提高，人们在生产过程中的体力付出开始明显下降，加之在生活中进行体力活动的机会越来越少，使人的机体生物结构与功能逐渐退化。正如一位生理学家所说："坐着工作是文明史上对人的新陈代谢影响最深刻的变化，这是造成我们许多新陈代谢失调现象的原因。"(转引自卢元镇，1998)人类社会出现新的健康问题，已经不仅仅是个人问题、家庭问题，而是涉及整个社会与国家的问题，它已经直接影响到一个国家的发展。各国政府越来越关注人类自身的健康问题并采取多种措施，以迎接人类健康的新挑战。人们对健康的高度关注和大众体育的迅速发展，都对学校体育的发展提出了新的要求。因此，现代生活和生产方式的发展变化是体育课程改革的社会因素和外部动力。

四、大众体育的蓬勃发展呼唤体育课程改革

第二次世界大战后，各国健康界、体育界越来越多地认识到，经常参加体育活动不仅可以提高肌肉力量、耐力与柔韧性等体能，更重要的是可以降低患冠心病、高血压、糖尿病、骨折等疾病的危险性，同时还可以缓解焦虑、压抑等消极情绪。因此，大众体育成为国际健康促进运动中重要的、不可分割的组成部分。1994年世界卫生组织与国际运动医学联合会敦促各国政府把推动大众体育的发展作为公共健康与社会政策的组成部分，并明确提出：要使体育成为健康生活方式的基石；向少年儿童提供体育设施和机会，使他们每天都能参加有益的体育活动，并养成终身参加体育运动的习惯；鼓励成年人养成每天参加30分钟以上中等强度体育活动的习惯；向妇女提供各

种参加体育活动的机会，并对她们参加有益健康的锻炼活动给予更多的鼓励；鼓励老年人积极参加体育活动，以保持他们独立活动和自我料理的能力；根据残疾及慢性病患者的要求，为其提供体育锻炼与场地设施的咨询与建议。

各国政府也表现出对大众体育的高度关注，并采取各种措施促进大众体育的发展。各国对健康的高度关注和大众体育的迅速发展，对学校体育与健康课程产生了很大的影响，所以说，社会的发展变化是学校体育与健康课程改革的外部动力。

第二节　体育与健康课程基本理念

体育是一种以技能学习为主的课程，学生学习的结果主要体现在学生体能、技能和运动行为的改变方面。只要学生认真、主动地完成学习要求，学生在上述诸方面的状况就一定会发生积极的、有利于全面发展的变化。但是，人的体能和运动技能状况不仅与其后天练习和发展有关，而且与其先天遗传有极大的关系。从健康的角度看，每个人的运动需求和运动表现都不尽相同。因此，体育与健康课程根据学生身心发展的客观规律，从保证每个学生受益的前提出发，充分注意到学生在身体条件、兴趣爱好和运动技能等方面的个体差异，根据这种差异性确定了学习目标和有弹性的学习内容，提出了有益于学生发展的评价原则；在教学组织和教学方法等方面也提出了相应的建议，以期保证绝大多数学生能完成课程学习目标，使每个学生都能体验到学习和成功的乐趣，以满足身心发展的需要。

基于对我国教育根本任务和健康第一指导思想的理解，以及对体育与健康课程性质的认识，在构建体育与健康课程时，主要依据以下基本理念。

一、树立民族观念，促进学生全面发展

《义务教育体育与健康课程标准(2011 年版)》指出，二十多年来我国青少年学生体质健康水平的持续下降，已经引起了国家和社会的高度关注。提高学生的体质健康水平需要社会各方面的共同努力，体育与健康课程是增进学生健康的重要途径，对于提高全民族的健康素质具有重要而深远的意义。《中共中央国务院关于深化教育改革全面推进素质教育的决定》指出：健康的体魄是青少年为祖国和人民服务的基本前提，是中华民族旺盛生命力的体现。二十多年来，我国青少年体能连续下降，心理健康问题突出，社会适应能力较差。在未来的国际竞争中，我们可能赢在创新上，更可能输在体质和心理素质上。保障全民尤其是青少年的健康，是关系到国家和民族长盛不衰的战略问题，是关系中华民族保持持久生命力的“强国强种”的百年大计。①

---

①　参见 2010 年 3 月 30 日　中国青年报文章《青少年体能连续 10 年下降　蒋效愚建议明年高考加考体育》。

自古以来，人的全面发展始终是教育追求的理想，然而，应试教育的模式严重地限制了“发展”这个概念的内涵和外延。这种专注于工具价值的发展观严重地破坏了人的内在的和谐，从而严重地阻碍了人的本体价值的实现。“加强体育，牢固树立健康第一的思想，切实保证体育课和体育锻炼时间，加强心理健康教育，促进学生身心健康、体魄强健、意志坚强；加强美育，培养学生良好的审美情趣和人文素养”,① 已成为时代的选择。体育与健康课程是学校课程的重要组成部分，对于实施素质教育，培养学生的爱国主义、集体主义和社会主义精神，促进学生德、智、体、美全面发展等具有重要的作用。

二、坚持“健康第一”的指导思想，促进学生健康成长

体育与健康课程的性质，决定了本课程是在学校教育中落实“健康第一”指导思想的主要途径。“健康第一”是体育与健康课程实施的出发点和着眼点。体育与健康课程要落实“健康第一”的指导思想，必须在课程目标的确定、课程的设计、教学内容的选择和课程的组织实施、课程评价等各个方面，都真正体现“健康第一”的要求，以促进学生身体健康水平、心理健康水平和社会适应能力的提高。按照这样的理念，在课程的内容和结构方面，义务教育阶段体育与健康课程标准以技能、认知、情感、行为等作为划分学习领域的主要依据，并按照健康的要求，选取了与体育有密切关系的生理、心理、卫生保健、环境、社会、安全、营养等诸多学科领域的有关知识和技能。课程“以‘健康第一’为指导思想，努力构建体育与健康的知识与技能、过程与方法、情感态度与价值观有机统一的课程目标和课程结构，在强调体育学科特点的同时，融合与学生健康成长相关的知识。通过体育与健康课程的教学，使学生掌握运动技能、发展体能，逐步形成健康和安全的意识以及良好的生活方式，促进学生身心协调、全面地发展”。② 高中阶段无论学生选择何种运动项目进行学习，都要将增进学生健康贯穿于课程实施的全过程，以培养学生健康的体魄，确保“健康第一”的思想落到实处。

三、激发运动兴趣，培养学生体育锻炼的意识和习惯

德国教育家第斯多惠说过：“教学艺术的本质不在于传授本领，而在于激励、唤醒、鼓舞。”兴趣是最好的老师，学生的学习兴趣直接影响着学生的学习行为和效果；学生能否通过体育与健康课程的学习形成体育爱好和锻炼习惯，兴趣发挥着非常重要的作用。传统体育教学模式虽然也能完成教育的基本任务，但在激发学生

① 参见《国家中长期教育改革和发展规划纲要(2010—2020年)》。

② 中华人民共和国教育部. 义务教育体育与健康课程标准(2011年版)[M]. 北京：北京师范大学出版社，2012.

的体育学习和活动兴趣，促进学生主动参与体育活动方面，却很难说有多少积极的作用。

学校体育是终身体育的基础，运动兴趣和习惯是促进学生自主学习和终身坚持锻炼的前提。兴趣是学习的初始动机，也是有效学习的保证。学生兴趣浓厚的活动，再苦再累也不能把他们拒之门外；反之，如果学生没有兴趣，再愉快的活动也会让他们觉得乏味。只有激发和保持学生的运动兴趣，才能使学生自觉、主动、积极地进行体育课程的学习和锻炼。因此，在体育与健康课程标准中，从教学内容的选择到教学方法的安排，都十分关注学生的运动兴趣，十分关注学生健康意识、锻炼习惯和卫生习惯的养成，这是实现课程目标和价值的有效保证。义务教育阶段体育与健康课程强调“在课程目标的确定、教学内容和教学方法的选择与运用方面，注重与学生的学习和生活经验相联系，引导学生体验运动乐趣，提高学生体育与健康学习水平；重视对学生进行正确的体育价值观和责任感的教育，培养学生刻苦锻炼的精神，促进学生主动参与体育活动，基本形成体育锻炼的习惯”。①

高中阶段在课程内容方面，既重视改造传统项目，又注重引入新兴运动类项目，精选那些适应时代要求的、有利于为学生终身发展奠定基础的体育与健康的基础知识、基本技能和方法作为学习内容；在教学方式上，要力求改变单一的灌输式的教学方法，改变过于强调讲解、示范的教学形式，创设有利于学生主动参与、乐于探究、勇于实践的良好的教学氛围。

四、以学生发展为中心，帮助学生学会体育与健康学习

在传统学校教育模式下，“培养科学家和工程师的模式仍然是学术模式，科学家和工程师仅仅是他们教授的复制品”。这种模式不仅对高等教育，也对普通教育产生了深刻的影响。在这种模式下，学生被视为“白纸”、“容器”，被视为有待完善的有机体。总之，学生在教育过程中只是教师们塑造和完善的对象，处于从属和被动的地位。在体育课教学中，他们只是被动地按照教师的安排进行练习，以掌握某种运动技能。由于不重视学生的感受和体验，这种教学方式很容易让学生感到厌倦和反感。

传统学术模式培养的是专才，而在知识经济社会中，具有广泛适应能力，同时具备动手和动脑能力的复合型人才更容易找到自己的用武之地。因此，联合国教科文组织(UNESCO)在一份报告中这样描述21世纪的教育：“必须给教育确定新的目标，必须改变人们对教育的作用的看法。扩大了的教育新概念应该使每一个人都能发挥和加强自己的创造潜力，也应有助于挖掘出隐藏在我们每个人身上的财富。”

---

① 中华人民共和国教育部. 义务教育体育与健康课程标准(2011版)[M]. 北京：北京师范大学出版社，2012.

20 世纪 80 年代后期以来，许多教育家和教师注意到了传统教育模式的弊端，一些学校和教师开始对传统的体育教学方式进行改革，以提高学生的学习兴趣。在这种背景下，从日本传入的“快乐体育”逐渐在一些学校中进行实验推广。但是，由于不少人对快乐体育的实质缺乏深刻的理解，单纯从教学法的层面去理解“快乐体育”，未能认识快乐体育实质上是对传统教育模式所体现的学科中心和教师中心课程的否定，因而快乐体育只在部分小学中收到了一些成效，在更多的学校特别是在中学，传统体育教学的一些弊端并未真正得到纠正，学生在体育学习中应有的主体地位并未真正得到体现，学生在上体育课的时候“身顺心违”、不喜欢体育课的情况没有得到根本改变。

传统教育模式有利于知识的传授，但不利于学生学习主体作用的发挥和能力的培养。鉴于体育课程的特殊性质，充分体现学生在体育学习中的主体地位至为重要。因此，体育与健康课程标准在构建课程体系的时候，十分关注满足学生全面发展的需要和学生的情感体验，从课程设计到评价的各个环节，始终从有利于学生主动、全面地发展出发，要求教师在教学活动中特别注意体现学生在学习活动中的主体地位，以充分发挥学生的学习积极性和学习潜能，提高学生的体育学习能力。

体育与健康课程“高度重视学生的发展需要，从课程设计到学习评价，始终以促进学生的身心发展为中心。课程在充分发挥教师教学过程中主导作用的同时，十分重视学生在学习过程中的主体地位，注重培养学生自主学习、合作学习和探究学习的能力，促进学生掌握体育与健康学习的方法，并学会体育与健康学习”。①

高中阶段根据高中学生生理、心理日趋成熟的特点，十分关注学生学习方式的改变，重视提高学生自主学习、探究学习和合作学习的能力，以促进学生学会学习，提高体育学习和增进健康的能力。因此，从课程设计到课程实施的各个环节，要在注意发挥教师主导作用的同时，确立学生的主体地位，尊重学生的情感和需要，充分发挥学生的学习积极性，培养学生的创新精神，把学生的学习过程变成主动构建体育与健康知识和技能、提高批判性思维以及分析和解决体育与健康问题能力的过程。

五、关注个体差异与不同需求，确保每一个学生受益

《中共中央　国务院关于深化教育改革　全面推进素质教育的决定》指出：“全面推进素质教育，要坚持面向全体学生，为学生的全面发展创造相应的条件，依法保障适龄儿童和青少年学习的基本权利，尊重学生身心发展特点和教育规律，使学生生动活泼、积极主动地得到发展。”让每一个学生都能从学习中受益，不但是基础教育的

① 中华人民共和国教育部. 义务教育体育与健康课程标准(2011 版)[M]. 北京：北京师范大学出版社，2012.

根本任务，而且是学生的权利，也是贯穿于体育与健康课程的一个基本理念。

体育与健康课程强调“在保证国家课程基本要求的前提下，充分关注不同地区、学校和学生之间的差异，各地区和学校要根据体育与健康课程目标及课程内容，因地制宜，合理选择和设计课程内容，有效运用教学方法和评价手段，努力使每一位学生都能接受基本的体育与健康教育，促进学生不断进步和发展”。①

高中阶段注重学生运动爱好和专长的形成，为学生终身体育奠定基础。高中体育与健康课程十分重视培养学生的运动爱好和专长，促进学生体育锻炼习惯和终身体育意识的形成。课程目标的确定、教学内容的选择和教学方法的更新，都特别注重学生的学习兴趣、爱好和个性发展，促使学生自觉、积极地进行体育锻炼，以全面发展体能和提高所学的运动技能水平，培养积极的自我价值观，为终身体育奠定良好的基础。

六、体育与健康课程理念体现人文关怀

课程体现人文关怀，是“以人为本”，实现人的全面发展的必然要求。党的十六大提出“坚持以人为本，构建社会主义和谐社会”的理论体系指出，追求人的幸福生活、实现人的全面发展是全面实现小康社会的目标。学校教育作为促进和完善人的重要手段，在当今构建社会主义和谐社会，促进人的全面发展，实现小康社会的目标上起着不可估量的作用。因此，学校教育需要坚持“以人为本”的基本发展理念，学校课程必将融入人文关怀的基本内涵。

课程体现人文关怀，是知识经济时代人才素质的基本要求。随着全球经济一体化的发展和知识转型，原有的教育体系正在发生着巨大的变化，知识经济时代，对科技人才的知识素质、文化素质，尤其是人文素质提出了更高的要求。教育观念的改变和教育改革的潮流已经不可遏制地冲击着学校课程的发展。学校课程在使学生掌握基础知识、基本理论和掌握熟练的技能的同时，还必须培养学生的创新能力、创新意识和合作精神，关注自身的生存状态、前途命运和社会的可持续发展，学会对他人的尊重，对自然和社会的关怀，正确处理人与人、人与社会、人与自然、人与自我之间的关系。知识经济时代的到来要求学校课程必须适应时代的要求，以学生为本，对学生实施人文关怀。课程体现人文关怀，是新一轮课程改革的必然选择。新一轮的课程改革，正是基于现代教育的思想观念，积极倡导课程理念的转变，从社会的需求和学生自身的需要出发，以培养和完善全面发展的人才为价值尺度，树立“以人为本”的现代教育观念。要培养高素质的人才，提高学生自身的人文修养，并将人文关怀渗透于课程改革和学科教学中。由此可见，在课程中体现人

① 中华人民共和国教育部. 义务教育体育与健康课程标准(2011 版)[M]. 北京：北京师范大学出版社，2012.

文关怀，是新一轮课程改革的必然选择，人文关怀的融入也必将为学校课程的改革注入生机。

新课标下的学校体育课程必须从过去传统的教育观念转变到“以人为本、健康第一”的现代教育理念，在体育课程中注入人文关怀，使学生学会关爱、学会理解、学会宽容、学会给予，以情感关怀促进学生身心和谐健康发展。当代社会发展和学生发展需要人文关怀，人不能只关心自然、只关心社会，而忽略了关心人自己。忽略对人的关心，忽略对人类的关怀，必然使有关体育和教育的研究在学术界长期滞留于浅薄的层面，也使体育和教育在培养全面发展的人的素质教育中的地位每况愈下。跨世纪的学校课程呼唤人文关怀，要求人类必须学会关心人，以人为本。

第三节　体育与健康课程设计思路

一、根据学生全面发展的需求确定课程目标体系和课程内容

(一)根据学生全面发展的需求确定课程目标体系

根据三维健康观和体育学科的特点，借鉴国际体育课程发展的经验，体育与健康课程设置了课程目标体系以及运动参与、运动技能、身体健康、心理健康与社会适应四个方面的课程内容，为各地区和学校制订课程实施方案以及教学计划提供明确的指导，以保证学生更好地达成学习目标。

体育课程建设的历史经验表明，确定适当的课程目的和设计理念固然对课程建设具有决定性的意义，但课程内容的选择和学习领域的划分同样也影响着课程实施的效果。例如，在很长一段时间内，我国学校体育虽然也正确地规定了体育课程的目标和任务，但在教学内容中未能全面反映课程目标和任务的要求，因而影响了体育课程目标和任务的全面实现。

在现代学校体育形成以来的约两百年中，体育课程的教学内容主要是以运动形态和作用为基础进行划分的。按照这种思想，我国在20世纪80年代以来出版的各种体育教材中，存在着6种情况：

(1)以全面锻炼身体为主，按人体解剖部位分类，如把活动方式分为上下肢运动、躯干运动、跳跃运动和全身运动等；

(2)以发展人体基本活动能力为主分类，以走、跑、跳跃、投掷、攀登爬越、悬垂支撑和平衡、角力等为教材内容；

(3)完全按运动项目分类，把运动项目以外的内容，当作辅助教学内容或教学手段；

(4)按提高身体素质的作用分类，把教学内容划分为速度、灵敏、力量、耐力、柔韧等内容；

(5)按发展人体机能的效果分类，把教学内容划分为有氧和无氧锻炼的内容；

(6)以养生、健身、防病、治病、康复为目标的分类。

这样划分学习领域的好处是便于教师组织教学，但它同时也存在着一些明显的不足。首先，最主要的问题是它过分突出了体育对于促进身体完善和发展的意义，从而冲淡甚至完全掩盖了体育对于人的全面发展如形成群体和规范意识、完善人格、磨炼意志等方面的作用，从而助长了“体育=运动”的错误观念。其次，它容易造成教师角色的错位。在传统体育课程模式下，体育教师更像是教练员而不像是教师，他们的课堂行为与其说是教学还不如说是训练。在较高年级的体育课程教学中，这种情况更为明显。这正是传统体育教学中目标与手段背离现象大量产生的主要原因。

针对这种情况，体育与健康课程标准改变了传统的按运动项目划分课程内容和安排教学时数的方式，根据素质教育的要求和体育课程的目标，从身体—心理—社会三维健康观及体育的特点出发，充分考虑了国外体育课程发展的趋势并吸取我国体育课程建设的经验教训，将体育与健康课程学习的内容划分为运动参与、运动技能、身体健康、心理健康和社会适应四个学习领域，根据各个领域的特点并结合体育活动内容构建了相互关联的内容体系。过去是以运动项目来确定学习领域，现在是以体育的功能来确定学习领域。这样做主要是为了强调以下几点：

(1)学生的运动表现，包括运动参与行为和运动技能状况，仍然是体育与健康课程学习的主要形式，但掌握运动技能并非体育与健康课程学习的唯一内容和目的，改善学生参与体育的态度和程度，同样是本课程学习的目标。

(2)学生的健康，包括身体健康、心理健康和社会适应能力的发展，是课程学习的主要目标和重要内容。

(3)学生的运动行为表现，包括运动兴趣、爱好、习惯及其对自身健康和社会健康方面的责任感和能力，也是课程关注的重要问题。需强调说明的是，一是四个学习领域构成了体育与健康课程的内容体系，它们是相互联系、相互影响的，某一学习领域不能脱离其他学习领域而独立存在；二是身体健康、心理健康和社会适应两个学习领域的目标主要是通过运动参与和运动技能的学习实现的，而不是主要通过“知识教育”的方式来完成。

(二)根据学生全面发展与课程目标确定课程内容

1. 根据课程目标确定课程内容

课程目标是一定的教育目的在课程领域的具体化，是对学生通过课程学习所要达到的预期学习结果的陈述，它一般是由国家的课程标准或课程指导纲要明确规定的。课程目标是要回答“就特定课程或科目而言，你想要学习者达到什么样的目的地”这一问题。目标提出的是所要达到的目的地，并不具体指明特定的学习内容，而是指出达到目标的学习者的某些特征。

体育课程的目标体系以学生作为课程主要依据，同时兼顾学科内容体系和社会需要。学生的需要、兴趣、能力和已有的经验是决定课程目标的基础。体育课程的学习内容、学习活动和具体的学习目标都是由教师和学生协调制定的，教学组织形式和时间都高度灵活。

体育与健康课程标准的目标体系建构，考虑了体育学科自身的特点和社会对体育课程学习的需要。一方面，在设计课程时以体育的学科体系和学科特点为基础，把构成学科基础的基本知识作为课程目标的基本内容，并按照学科知识体系的逻辑结构来确定课程目标体系。把体育和健康教育的内容作为学习中学体育课程的共同基础就是基于这样的考虑。另一方面，也充分考虑了体育对于改进社会、满足社会需要的作用，因而把个人在体育与健康方面的社会权利与义务、终身体育意识和习惯等列入课程目标，并据此确定相应的课程内容。

体育课程内容标准是根据课程目标，确定能达成目标的课程内容框架，并不规定或限制具体的教学内容、时数比例。体育课程内容标准是从宏观上规范、指导各地、各校的教学内容，同时，也给各地、各校留有较大的选择教学内容的余地和广阔的开发课程内容的空间。

体育课程标准改变了传统的按运动项目划分课程内容和安排教学时数的方式，根据素质教育的要求和体育课程的目标，从身体—心理—社会三维健康观及体育的特点出发，充分考虑了国外体育课程发展的趋势并吸取我国体育课程建设的经验教训，在确定课程总目标的基础上，将体育课程学习的内容划分为运动参与、运动技能、身体健康、心理健康和社会适应四个学习领域，根据四个方面描述具体目标和各个领域的特点，根据课程目标体系并结合体育活动内容构建了相互关联的体育与健康课程新的内容体系。

体育与健康课程标准只是确定了体育课程的内容框架和选取原则，各校在体育课程实施过程中，应精心选择既受学生喜爱，又对促进学生身心发展有较大价值，并有利于为学生终身发展奠定基础的体育与健康基础知识、基本技能和方法作为学习内容，根据体育与健康课程标准的要求和体育学习的规律组织教学，保证学生在身心健康发展的基础上能够学有专长，学以致用。学校根据国内外体育的发展趋势，按照体育与健康课程标准的精神随时补充新的教学内容，以充分体现课程的时代性特征。

2. 根据课程内容特征确定必修内容

根据学生身心发展的特征和学习内容的可接受性，确定不同年龄段学生的学习目标，是体育课程设计时必须考虑的首要问题。与心理和智力发育相比，青少年儿童在身体发育方面表现出更大的个体差异性，如果按照学生的自然年龄确定学生的学习目标，按严格的技能尺度去要求和评价每个学生的体育学习，势必造成学生学习差距的扩大。这种差距不但未能真实、全面地反映学生的发育和体育学习状况，而且不利于学生良好体育行为和兴趣的形成。因此，要适应学生身体发育的个体差异，更好地照顾发育较迟缓、运动能力较差的学生和有运动天赋的学生的体育学习的需要，以更好地贯彻面向全体学生、使每一个学生都受益的原则。体育与健康课程标准根据学生身心发展的规律和体育学习的特点，将义务教育和高中体育与健康课程学习划分为六级水平，并据此制定相应的水平目标。

3. 根据学生的需求和爱好加大运动技能学习的自主选择性

体育与健康课程标准根据学生的需求和爱好，增加了学生选择运动技能学习的自主性。一方面，体育与健康课程标准对教学内容的选取作了特别灵活的处理。在不断加大选修教材比例的基础上，体育与健康课程标准只是规定了学习内容选取的原则和范围，而且这个范围是开放的、动态的、发展的。具体学习内容的确定，则要由各地、各校根据体育与健康课程标准的精神和要求以及各方面的实际情况合理选择。这就使各地、各校在实施时有了更大的自由度和更多的灵活性。另一方面，学生对于学习内容具有一定的选择权。体育与健康课程标准在内容方面的最大变化，就是给予学生对学习内容的选择权。学生可以在一定范围内选择适合自己兴趣和需要的学习内容，这有利于学生学习主体地位的体现和学习积极性的发挥。

为了满足学生选择学习的需要，体育与健康课程标准在水平五和水平六的运动技能中各设立六个系列。每个系列包含若干模块，一个模块由某一运动项目(如篮球、有氧操、短距离跑、中长跑、太极拳、轮滑等)中相对完整的若干内容组成，一般为 18 学时，以便学生对所选模块进行较系统的学习。学生每完成一个模块的学习，且成绩合格即可获得 1 个学分。在高中三年的学习过程中，学生修满 11 个必修学分(含田径运动系列必修 1 学分，健康教育专题系列必修 1 学分)即可达到体育与健康课程的毕业要求。

体育与健康课程标准鼓励有体育兴趣和爱好的学生，在完成 11 个必修学分的基础上修得更多学分；建议有志于向体育运动及相关专业方向发展的学生，至少再选择 5 个学分以上的体育与健康课程内容进行学习。学生可以将水平六作为选修的学习内容(在运动技能的学习中，应建议学生选择同一运动项目进行学习，以进一步提高学生在该项目的运动技能水平)，也可以选学水平五中其他运动项目中的模块。在进行选修课的学习时，同样应注意体现运动参与、运动技能、身体健康、心理健康和社会适应四个方面具体目标的学习要求。

二、根据学生的身心发展特征划分学习水平

体育与健康课程标准没有采用按年级划分学生阶段的方式，而是根据学生身心发展的规律和体育学习的特点，将 1~12 年级的体育与健康课程学习划分为六级水平，并按照不同的学习领域设置相应的水平目标。水平一至水平五分别相当于小学 1~2 年级、3~4 年级、5~6 年级、初中和高中阶段学生预期达到的学习结果。高

中体育与健康课程标准在各学习领域的学习内容标准中都设立了一个水平六，作为10~12年级学生学习体育与健康课程的发展性目标，同时，其他各学段的学生也可以将高一级的水平目标作为本阶段学习的发展性学习目标。这一方面是考虑到我国幅员辽阔，各地区间学校的条件和体育基础差异较大，另一方面是考虑到学生发展的个体差异性较大。在各学段都设立一个发展水平，可以充分满足体育基础较好的学校和学生的需要，以更好地贯彻面向全体学生、使每一个学生都受益的原则。

三、根据可评价的原则设置可操作和可观测的学习目标

为了确保学习目标的达成和学习评价的可操作性，体育与健康课程提出了具体的、可观测的学习目标。特别注意将运动参与、心理健康与社会适应两个方面的学习目标设置成易观测的行为表征，帮助教师更准确地对学生进行观察、指导和评价，促使学生形成良好的体育态度、心理品质和社会行为。

体育与健康课程学习的结果主要表现在学生身体(形态、体能和技能)和行为(兴趣、爱好、习惯、良好心态以及与社会协调相处的能力等)方面发生的积极变化方面，这些变化都应以可观察、可操作的方式通过对不同学习领域的各级水平目标进行评价。这是确保课程目标和任务落到实处的一个关键。传统体育课程确定的一些目的和任务之所以不能很好地完成，在确定有关学习目标时过于抽象、不具有可操作性是一个重要的原因。因此，为了确保学习目标的达成和学习评价的可行性，学习目标必须是具体的、可观察的。特别是在运动参与、心理健康和社会适应两个学习领域，要求学生在掌握有关知识、技能的同时，还应在运动实践中体验心理感受并形成良好的行为习惯。体育与健康课程标准在有关部分根据学生的年龄特征和行为科学、社会心理学的有关原理，分析了学生通过体育与健康课程学习后相应在情感、意志、行为等方面的预期表现，并将它们作为相关领域的学习目标，这就使学习目标由隐性变为显性，由抽象的原则性要求变为可以观察、测试的行为表征。这样，既便于学生在学习时自我认识和体验，也便于教师对学生进行观察和评价。教师可以通过对学生情感、态度和行为习惯表现的观察并与水平目标相对照，判断教学活动的成效，从而有效地保证体育与健康课程目标的全面实现。

体育学习目标来源于体育课程目标，是预期的学生学习结果或学习活动预期应达到的标准。体育学习目标是课程目标的进一步具体化，体育学习目标由教师根据有关教育法规、体育与健康课程标准和各方面实际情况制定。它是指导教学活动设计、实施和评价的基本依据，对教学活动具有导向、指引、调控、测评等功能。学习目标通常在“单元”或“课”的教学计划(方案)中按照课程目标分别陈述。

体育与健康课程标准的课程学习目标以行为目标模式为主，结合采用普遍性目标、表现性目标、生成性目标三种目标取向模式的方式。行为性的具体目标指明的具体行为是对体育课程学习后学生所应出现的可观测行为的精确描述。一个具体的

体育学习目标描述必须包括：表现学生达到目标的行为；学生达到具体目标时所面对的条件；可接受的最低的熟练水平(好到什么程度？有多少学生？准确到什么程度？)。行为性目标指向可以结果化的课程教学目标，主要用于“运动技能”和“身体健康”学习领域。它明确规定了学生的预期学习结果，所采用的行为动词要求明确、可测量、可评价。如能指出坐、立、行时正确和不正确身体姿势的区别；做出球类游戏中的简单动作，如拍球、投球等。表现性目标指向无需结果化或难以结果化的课程教学目标，主要用于“运动参与”、“心理健康及社会适应”学习领域。它主要是描述学生的心理感受、体验，或描述教学情境，所采用的行为动词大多是体验性、过程性的。如“经常参与体育锻炼”、“在学习活动中努力获得成功感”。

四、根据三级课程管理的要求保证课程内容的可选择性

体育与健康课程标准在确立课程目标体系和课程内容的基础上，提出了具体教学内容的选择原则。各地区和学校制订具体的课程实施方案和教学计划时，应从师资队伍、场地与器材、学生体育基础等方面的实际出发，选编适宜的教学内容。农村学校体育基础相对比较薄弱，应特别注意开发与利用各种实用的课程资源，确保课程的正常实施。

对课程实行分级管理，加大地方和学校在课程建设中的自主性，是近20年来课程建设和改革的一项重要成果。体育与健康课程标准在继承有关做法的基础上，加大了按照三级课程管理的要求推进课程建设的力度。这主要体现在以下三个方面。

首先，体育与健康课程标准重视“一标多本”的原则，即各地甚至一切具备资格的人士，都可以按照体育与健康课程标准的精神和要求，经适当程序获批准后组织编写出版教材，这将有助于编写出更能适合不同地区需求的、学术观点多样化的、风格更丰富多彩的教材，从而促进体育与健康课程建设的发展。

其次，体育与健康课程标准对教学内容的选取作了特别灵活的处理。在此前不断加大选修教材比例的基础上，体育与健康课程标准彻底放弃了对具体教学内容的规定，而只是规定了学习内容选取的原则和范围，而且这个范围是开放的、动态的、发展的。具体学习内容的确定，则要由各地、各校根据体育与健康课程标准的精神和要求以及各方面的实际情况自行决定。这就使各地学校在实施时有了更大的自由度和更多的灵活性。

最后，体育与健康课程标准确定了逐步减少运动项目学习的原则。在1~6年级，学生要学习的内容比较多，这一方面是因为这个阶段的学生需要进行全面锻炼，以促进身体的全面发育；另一方面是因为这个阶段的学生天性好动，多接触一些运动项目有利于他们对体育的全面了解，以培养对运动的广泛兴趣。到了7~9年级阶段，学生的兴趣开始趋于定向集中发展，即逐渐形成爱好。根据这个特点，

学校可以按照内容标准中水平四的规定，根据各方面的条件和学生的兴趣，在每一类运动项目(如球类、田径等)中选择若干项目作为教学内容；10～12年级阶段，学生大多已经形成了不同的爱好或志趣，学校应引导学生在学校确定的范围内，选择一两个项目作为重点学习的内容，以提高他们的运动能力和发展他们的爱好、习惯。这样，在7～12年级阶段，学生也逐步参与到了课程建设中来，学生可以在一定程度上选择适合自己需要的学习内容，这就有利于学生学习主体地位的体现和学习积极性的发挥。

五、根据课程学习目标和发展性要求建立多元学习评价体系

体育与健康课程标准建立了有利于学生进步与发展的多元学习评价体系，要求对学生的体能、知识与技能、态度与参与、情意与合作进行综合评价，提倡在以教师评价为主的基础上引导学生进行自我评价和相互评价，重视形成性评价与终结性评价相结合，提高学生体育学习和锻炼的主动性、积极性及自我评价能力。

教育的成效只有通过适当的评价才能体现出来，课程评价是促进课程目标实现和课程建设的重要手段。课程评价集中体现着课程的基本理念与价值取向，影响、决定着课程发展的方向。

历史上体育课程的评价采取的是一种终结性评价，它的基本特征是在公平、公正的旗号下，用统一的运动成绩考核作为对学生学习、教师教学及课程实施的主要(更多时候是唯一的)评价标准和评价方法。在实践中常常是教什么，考什么，偏重于生物性的评价，评价内容也与教学目标脱离。它既不能全面反映课程目标的要求和学生学习的结果，不能很好地发挥促进学生学习的作用，而且很容易挫伤遗传等客观原因造成的运动技能学习方面存在困难的学生的学习积极性，更不是评定学生健康状况的最佳手段。可以这样认为：传统性评价方法由于比较简捷而便于教师的操作，但不是有利于促进学生发展的好方法。

根据《基础教育课程改革纲要(试行)》“建立促进学生素质全面发展的评价体系”、“建立促进教师不断提高的评价体系”和“建立促进课程不断发展的评价体系”的要求，体育与健康课程标准力求突破注重终结性评价而忽视过程性评价的状况，提出了强化评价的激励、发展功能而淡化其甄别、选拔功能的基本原则，并根据这样的原则对课程评价提出了相应的建议。体育与健康课程标准在构建评价体系的时候，把学生的学习态度、情意表现和合作精神、体能、知识与技能纳入学习成绩评定的范围，并让学生参与评价过程，以体现学生学习的主体地位，提高学生的学习兴趣。至于具体评价指标和评价方法的确定，在体育与健康课程标准中未作出统一的规定，而是要求教师根据课程标准确定的范围和原则去探索。这一方面是因为体育与健康课程标准中提出的建立评价内容多元、评价方法多样的评价体系，是一个全新的体系，它需要在反复实验的基础上不断丰富和完善；另一方面是因为体育与

健康课程评价也是一个十分复杂的问题，没有一种绝对完善、适合一切对象的评价体系，因而在体育与健康课程标准中也就只有原则性的规定，以免束缚教师的思想和创造性。

思考题：

1. 请认真分析和领悟体育与健康课程的基本理念。
2. 体育与健康课程的设计思路的关键是什么？

第四章　体育与健康课程的性质与功能

第一节　体育与健康课程的性质

在全面发展教育的完整体系中，体育是一门特殊类型的学科，它具有与其他学科不同的学科规律。

一、体育与健康课程的性质

20 世纪 50 年代，我国的体育理论主要是以凯洛夫教育学、巴甫洛夫条件反射学说、马克思列宁主义作为学科基础，从教育学、生物学和哲学三个维度来认识体育，把体育看作教育的组成部分。这些理论思想重视体育的认知过程，即知识与技能的形成过程，而对身体和情感意志的发展认识重视不够。这种对体育属性的认识促成了我国 20 世纪 50 年代开始对以知识技能为中心的体育课程学科性质的理解。

20 世纪 80 年代对体育的综合性认识，“从体育的研究对象来看，体育是一种文化活动，是社会精神文明的一部分，因此具有社会科学的性质；从体育的对象即从事体育的人来看，人是直接的自然存在物，它具有自然科学的性质”。这使以完善人为目标的体育具备了自然属性和社会属性相统一的双重属性。从此以后，体育的学科性质被视为一门综合学科。

因此，从宏观视角上体育与健康课程属学科课程。体育与健康课程设计是以体育科学理论和实践为依托，根据教育的需要和学生身心发展特点，把体育与健康科学的内容(体育科学理论、健康知识和体育运动实践)依据教学理论加以适当的选择和排列，组织成体育与健康课程的完整知识体系，这使体育与健康课程具有综合课程的性质，具有其他学科不能替代的多元性和独特性。体育与健康课程作为基础教育的重要组成部分，成为基础课程之一，具有如下性质：

（一）课程的基础性

课程强调了培养学生掌握必要的体育与健康知识、技能和方法，养成体育锻炼习惯和健康的生活习惯，为学生终身体育学习和健康生活奠定良好的基础。

1. 必要的知识、技能和方法

学生应该通过体育与健康课的学习，掌握必要的知识、技能和方法，而不是掌握所有的体育与健康知识、技能和方法。对“必要”两字的理解在新旧课程之间有很大的差别。

20 世纪指导体育教学实施的《全日制初级中学和小学体育教学大纲》对“必要”的概念是学会大纲中所规定的全部完整内容，“评估体育教学质量的主要依据是学生的成绩和身心发展情况”、“教学大纲和教材，它决定育人的方向”（见九年义务教育全日制小学体育教学大纲 1995 年 5 月第 2 版）；而“体育与健康课程强调在课程目标的确定、教学内容和教学方法的选择与运用方面，注重与学生的学习和生活经验相联系，引导学生体验运动乐趣，提高学生体育与健康学习动机水平”和“体育与健康课程高度重视学生的发展需要，从课程设置到学习评价，始终以促进学生的身心发展为中心”。

2. 不同的基础性

课程的基础就是课程的立足点，基础决定了课程的质量。两者对课程的基础也有不同的认识。原体育教学大纲强调：“身体锻炼是本学科的鲜明特点，只有在身体锻炼中才能发展学生的身体素质的运动能力，促进身心全面发展，增强体质”；“身体锻炼要通过学生掌握体育知识、技术、技能来完成，只有在掌握体育知识、技术、技能的过程中，才能更好地促进身心的发展，培养良好的思想品德、加强体育教学中的思想品德教育，培养良好的思想品德，学生才能更加积极自觉地参加体育锻炼，学习和掌握体育知识、技术、技能”。大纲的基础是“知识、技术、技能”即“三基”；而体育与健康课程标准对基础的认识有四条基本理念：健康、兴趣、发展和受益。当然，也提出了“本课程是以身体练习为主要手段，以学习体育与健康知识、技能和方法为主要内容，以增进学生健康，培养学生终身体育意识和能力为主要目标的课程”，但相比之下，这就是课程的发展与进步，这应该是一个不争的事实。

（二）课程的实践性

课程强调了以身体练习为主要手段，通过体育与健康学习、体育锻炼以及行为养成，提高学生的体育与健康实践能力。反映出课程的技艺性特点，说明了实践途径有三：

1. 体育与健康学习

这里的学习应该是一个广义的学习概念，泛指体育课堂学习的多种形式，如技能学习、方法学习、知识学习。课程强调以身体练习为主要手段，并不是唯一手段，因此，就有了体育与健康知识的学习、探究式的方法学习和合作式的互助学习等。

2. 体育锻炼

这里的体育锻炼应该是指课堂以外的多种形式体育活动，如大课间活动、阳光体育活动和课外小型多样体育活动，甚至还应包括向课外延伸的一切体育活动，如家庭体育活动、节假日体育活动、参与社区体育活动和拓展体育活动等。

3. 行为养成

行为养成是一个社会学概念，是个人进入社会的重要条件。如遵守规则、帮助他人、安全意识、饮食卫生、与人交往等。体育与健康课程非常重视这方面的培养目标，特别是在身体健康、心理健康和社会适应两个方面对适合年龄的目标群提出要求。

(三)健身性

课程强调了在学习体育与健康知识、技能和方法的过程中，通过适宜负荷的身体练习，提高体能和运动技能水平，促进学生健康成长。反映自然性特点承受一定的运动负荷。

1. 适宜负荷

在以体育教学大纲为指导的体育教学中，非常强调运动负荷，并通过对学生心率曲线、运动强度和密度控制，达到对一节课运动量的认定。而体育与健康课程标准中提出适宜负荷，课程基本理念是：关注地区差异和个体差异，保证每一位学生受益。就是说体育教学应该关注每一位学生的感受，各人参与的活动量与他获得的效果应该是匹配的，而不是千篇一律的模板式教学。

2. 体能和运动技能水平

一个人的体能状态会受到多方面的影响，如生活习惯、饮食起居、体育锻炼、身体功能和心理状态等都会对体能产生或多或少的影响。体能状态是否良好，其含义对于一个学习压力很大的学生和一个登山运动员或者是一个家庭主妇来讲是完全不同的。因此，体能状态是不能抽象定义的理想状态，而是取决于他们的体格和运动情况，取决于学习或工作的特殊要求和环境特殊的条件，简而言之，是因人而异的。

因此，体育与健康课程标准中提到的“体能”不应该用标准化的达标方式来界定，而应该是各人根据自己原有的体能基础不断通过体育锻炼自觉改善的渐进过程。而运动技能水平同样也是如此，运动技能是一个人对已掌握的运动技术应用能力的表示。这种运动技能的可比性也应该只限于和自己比较，有了多少进步，特别是这种已被学生各自掌握的运动技术是否能够帮助他们获得健身的效果这才是最为重要的，并不是"技术掌握得好坏决定应该获得多少评分"这样的一个错误概念，所以才叫"健身性"而不叫"技术性"，强调的目标并不一样。

(四)综合性

课程强调了充分发挥体育的育人功能，强调以体育与健康学习为主，渗透德育教育，同时融合部分健康行为与生活方式、生长发育与青春期保健、心理健康与社会适应、疾病预防、安全应急与避险等方面的知识和技能，整合并体现课程目标、课程内容、过程与方法等多种价值。

二、体育实践类课程的学科性质

体育是学校教育的一个重要方面，而不单纯是一门学科，这是指学校的一切工作都要考虑学生的健康，这是就体育在学校总体工作中的地位而言的。但是，作为具体的一门学科，体育课是一门"技艺性"学科。科学与技艺是不同的，自然科学的思维是以求同思维为主，其研究在相同的条件下只能得出相同的结论。技艺的思维就不一样，它是以求异思维为主，可以探索不同的道路，实现不同的结果。科学主要通过人的认知过程来探究真理的，而技能在发展人的情感和意志上发挥着特殊的功能。在当前落实素质教育，实现全面教育改革的事业中，就具有了特殊的意义。

承认体育课程的技艺性，就承认了体育课程的多种风格；但是该课程同时又必须遵循人体运动的自然规律；同时又必须提高课程的人文精神，其"自然性"、"人文性"和"情意性"是兼备的。因此，体育实践类课程的学科性质是以"技艺性"为主，"情意性"、"自然性"、"人文性"、"差异性"五性兼备的一门以实践为主的学科。体育实践类课程的学科性质，既要反映这类课程和基础教育的一般文化课的区别，又要与以获得优异成绩为目标的运动训练过程有区别。①

(一)技艺性

体育课程主要通过身体练习，并使身体练习与思维活动相结合，来掌握体育的知识、技术与技能。因此，身体练习是区别于其他一切文化类课程的显著特点。

体育实践类课程与运动训练有很大的区别。从事身体练习是两者共同的特征，但是，运动训练过程重视的身体练习按照专项的要求形成了严密的结构程序，而体育实践类课程的身体练习内容多种多样，具有较大的可替换性；运动训练过程中的身体练习要承受大强度练习，其负荷要求直至极限，而体育实践类课程中的身体练习达到和本人能力相适应的负荷即可，有时还会出现负荷极小的养生锻炼。体育实践类课程的"技艺性"学科性质以及从事身体练习的学科特点，实际上意味着承认

① 曲宗湖．体育课程的约束力与灵活性[M]．北京：人民体育出版社，2002：23-30.

体育课程的多种风格，为体育课程模式的多元性提供了理论依据。

（二）情意性①

自然科学课程学习的是客观世界，客观世界存在着不以人的意志为转移的客观规律性，这些规律是必然的，有序的。情意类课程：是指通过课程改造人的主观世界，其中就有很多偶然的、无序的因素。客观世界的认识通过感觉、知觉进一步形成感性认识，通过思维又进一步上升到理性认识；但主观世界却是通过生活的体验，在一系列的情感冲突中不断升华。这些情感的升华，会对个性发展和人格培养产生巨大的影响。这种影响正是情意课程所追求的目标。情意发展依赖的是良好的学习环境和人际环境，人的情感在体验中培养，在冲突中升华。

体育学习不论是身体认知过程（技能掌握）还是一般的认知过程（概念掌握），它们均会对人的情感产生影响。但是，体育课和其他文化课相比较，由于体育课有直接的经验体验与身体体验，师生之间、学生之间的人际交往更为复杂。因此，在学生非智力因素的发展方面具有特殊的功能，这是其他一切文化课无法比拟的。

（三）自然性

承受一定的运动负荷是体育课区别于其他文化课的重要特征，因为在体育课上，只有承受一定的负荷，才能对人的机体产生一系列的影响，从而达到提高体能、增进健康的目的。体育课要承受一定的运动负荷，作为以夺标取胜为目的的运动训练过程也要承受一定的负荷，但这两种负荷是有显著区别的：体育课程运用不同的运动负荷，实现不同的健身目的；而运动训练过程中的运动负荷强调大强度，甚至达到身体极限。

（四）人文性

长期以来，我国的学校体育以"增强体质为主"作为指导思想，强调以人的身体发展规律来指导学校体育的一切具体工作。1999年《中共中央关于深化教育改革、全面推进素质教育的决定》颁布后，"健康第一"不仅是加强体育工作的指导思想，也是指导整个学校体育的指导思想，"健康第一"的思想不仅对学生的素质发展提出了更高的要求，而且更为全面地反映了体育的人文精神。

在体育课程实施的过程中，课堂情景以及师生之间的互动方式，与一般文化课相比具有显著的特点：沟通更加畅通；学生学习条件的变化多种多样；学生在课堂上扮演的角色变化多端，这一切均是其他学科难以比拟的。这种人文环境有利于在体育课上加速个体的社会适应。

（五）差异性②

由于先天遗传、个人家庭生活、文化环境和人际交往迥异的影响，学生个人禀

---

① 毛振明，赵立，潘绍伟．学校体育学[M]．北京：高等教育出版社，2001：36-37.

② 季克异．树立健康第一思想深化体育课程改革[J]．中国学校体育，1999(5).

性、身体、心理、兴趣爱好、认识水平的状况会呈现出多种多样的差别，差异是每一个人与生俱来和后天生理、心理发展逻辑的必然状态，它是一种客观存在。体育教学受学生身体条件和性别的制约较之其他课程更为显著，更要讲究因人而异、因材施教，而且地理、气候、办学条件、体育传统等因素都会对课程有着或多或少的影响，比室内教学为主的课程更为明显。

第二节　体育与健康课程特点与功能

一、体育与健康课程的特点

(一)体育不是一门只追求“更高、更快、更强”的单纯竞技运动课程

体育的本质是完善个人身体的教育过程，既是接受教育，更是自我教育的过程。一个人要完善自己的身体，首先就要知道自己身体在哪些方面的不足，从而去有针对性地改善。因此，就要了解有关健康的概念与知识，就要知道健康不仅是无疾病，而且还应是心理健全，并能为社会所接纳的，具有一定道德水准这样的一个概念，然后向着这样的目标去努力完善自己。

(二)体育与健康课程不是一门简单的“体育+健康教育”的课程

《中共中央国务院关于深化教育改革全面推进素质教育的决定》指出：“学校教育要贯彻健康第一的指导思想。”体育与健康课程更要贯彻“健康第一”的指导思想，这正是新课程新名称的深刻含义，但它又绝不是简单的两门课程“1+1”的合并，这首先是以“健康第一”指导思想的贯彻是整个学校教育、所有课程的共同任务，体育与健康课程不可能单独承担在学校教育中贯彻“健康第一”指导思想的全部任务。其次是新课程没有，不能也不可能包容原“健康教育”课程的全部内容，体育与健康课程中所指的“健康”只是与体育方面相关的健康教育内容，即使是这样，体育与健康课程仍然表现出其综合性的一面。

(三)体育与健康课程是一门知识内容范畴不断拓新的课程

随着社会的发展与进步，体育领域涉及的知识内容也确实在不断地延伸。在运动项目上，表现在新兴运动项目的增多，社会体育项目的出现，对学校体育产生了广泛的影响；在知识内容上，表现在心理健康与社会适应方面目标的进入课堂，人们对身体健康的日益关注，衣食住行无一不跟学生的身体健康休戚相关；在道德修养上，表现在人们更多地对体育道德的关注，体育不是一门只讲求战胜别人、获取金牌的竞技，它更是一门通过运动认识自我、改善交往、促进合作的行为艺术。

(四)体育与健康课程又是一门学会生存、保护自己的学习课程

人是世界上最宝贵的财富，在目前自然灾害频频发生的时代，体育与健康课程通过多方面的学习内容让学生学会如何判别不管是来自自然、来自人为，还有来自社会可能给我们带来的危险，并且通过实践去学会规避、解决的办法。因此，体育与健康课程表现出了一门现代化课程所应具有的综合性。

综上所述，我们可以说新课程的内涵远远超过了原学科，它必将在学校实施素质教育的过程中担负起重要的责任。作为课程改革的主力军——一线教师，应该认真阅读和理解体育与健康课程标准修订稿，认识课程的航标，在教学实践中勇于探索，大胆创新，为推进教育教学改革做出自己应有的贡献。

二、体育与健康课程的功能

随着社会的进步、经济的发展，人类的需要层次不断提高，体育事业也随之得到进一步推进。我国有学者把体育功能拓展到了健身、娱乐、促进个体社会化、社会情感、教育、政治六个方面；也有人把体育的效能归纳为生物效能和社会效能两大类，生物效能具体包括了健身、健美、保健、延寿四种；社会效能包括教育、娱乐、政治、经济四种。

体育课程的功能包括本位功能与延伸功能。体育课程的本位功能是与体育课程直接相关的、直接反映体育学科性质与特点以及直接反映学生发展领域的那些功能，包括学生掌握体育学科的知识和技能、促进学生的身体发展、心理发展和提高学生社会适应能力。体育课程的延伸功能是与体育无直接关系的那些功能。

体育课程的本位功能包括以下四个方面：促进学生掌握体育学科特征的知识和技能；提高学生体能、机能和适应能力；促进学生与智力因素(知识、技能)和非智力因素(情感、态度、价值观)的发展；促进学生个体社会化进程——社会适应。即知识技能、身体发展、情感意志和社会适应四大功能。

体育课程的延伸功能除了上述四个本位功能外，还由此而引申出体育其他功能，如政治功能、经济功能、外交功能等。

中华人民共和国成立以来，我国学校体育主要以前苏联的凯洛夫教育理论为指导，学科中心论一直占课程论的统治地位，与学科中心论相对应的学校教育提倡以书本为中心、以教师为中心、以课堂为中心，忽略了学生的主体地位。在体育课程领域，时而反映为以知识技能为中心，时而又反映为以增强体质为主，总之，考虑的是体育学科的自身性质和特征，未能全面地考虑学生身心协调发展的各个方面。

《中共中央、国务院关于深化教育改革全面推进素质教育的决定》明确提出在学校教育中要贯彻“健康第一”的指导思想，由于体育价值观的变化，课程本位功能的中心也发生了变化。体育与健康课程本位功能转向了学生；由知识和技能转向了学生的主体发展。体育与健康课程对于提高学生的体质和健康水平，促进学生全面和谐发展，培养社会主义现代化建设需要的高素质劳动者，都具有极为重要的作用。该课程表现出以下几方面的基本功能：

(一)增进身体健康

通过本课程的学习，学生能够提高学生对身体和健康的认识，掌握有关身体健康的知识和科学健身方法，提高自我保健意识；坚持锻炼，增强体能，促进身体健康；养成健康的行为生活方式。

(二)提高心理健康水平

通过本课程的学习，学生将在和谐、平等、友爱的运动环境中感受到集体的温暖和情感的愉悦；在经历挫折和克服困难的过程中，提高抗挫折能力和情绪调节能力，培养坚强的意志品质；在不断体验进步或成功的过程中，增强自尊心和自信心，培养创新精神和创新能力，形成积极向上、乐观开朗的生活态度。

(三)增强社会适应能力

通过本课程的学习，学生将理解个人健康与群体健康的密切关系，建立起对自我、群体和社会的责任感；形成现代社会所必需的合作与竞争意识，学会尊重和关心他人，培养良好的体育道德和集体主义、社会主义、爱国主义精神，学会获取现代社会中体育与健康知识的方法。

(四)获得体育与健康知识和技能

通过本课程的学习，学生能够掌握体育与健康的基本知识和运动技能，学会学习体育的基本方法，形成终身锻炼的意识和习惯；学生可以根据自己的兴趣爱好和不同需求，选择个人喜爱的方法参与体育活动，挖掘运动潜能，提高运动欣赏能力，形成积极的闲暇生活方式；学生可以提高体育运动中的安全防范能力，获得在野外环境中的基本生存技能。

思考题：

1. 请你简述体育实践类课程的学科特点。
2. 体育与健康课程有哪些特点？
3. 体育与健康课程的功能有哪些？

第五章　体育与健康课程的目标体系

第一节　体育与健康课程目标体系构成

人们通常从不同的层次来表达学校体育目的和体育目标。汉语中通常将“目的”解释为“想要达到的地点、境地，想要获得的结果”；“目标”则解释为“想要达到的境地或标准”。“目的”带有最终的意思，而“目标”则带有层次性、阶段性，如总目标、领域目标等。整个学校体育目的与目标体系的结构是：学校体育目的——学校体育目标——体育课程与教学目标、课外体育活动目标、课余体育竞赛目标、课余体育训练目标等，前者是后者的上位概念，后者构成前者的下位概念。

“学校体育是指在以学校教育为主的环境中，运用身体运动、卫生保健等手段，对受教育者施加影响，促进其身心健康发展的有目的、有计划、有组织的教育活动。”①学校体育组成主要包括运动教育、健康教育、家庭中的体育几个部分。② 运动教育包括体育与健康课程、面向全体学生的课外体育活动、课余体育训练、课余体育竞赛等。健康教育是以传授健康知识、建立卫生行为、改善环境为核心内容的教育，健康教育的任务是使学生从小养成良好的生活习惯和行为模式，达到最佳的健康状态。家庭中的体育是学生在家庭中进行的、为了增进学生健康的各种体育和健康保健活动。对于有效地增进学生的健康，学生家庭中的体育是十分重要的。体育与健康课程目标体系

① 于小霞．学校体育教育手册[M]．天津：天津人民出版社，1998.

② 潘少伟，于可红．学校体育学[M]．北京：高等教育出版社，2008.

结构图见图5-1。

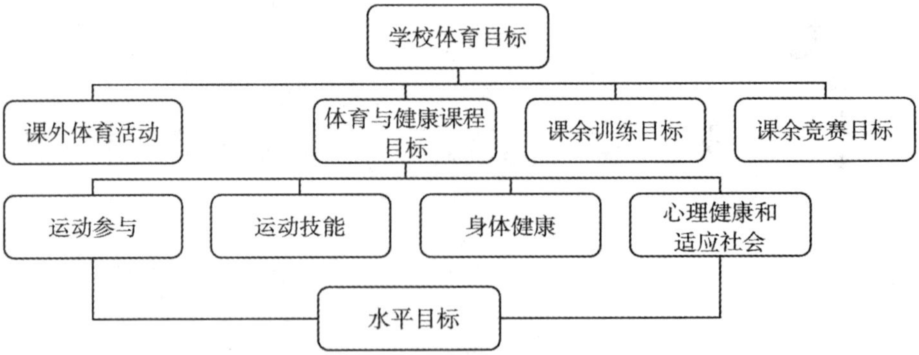

图5-1　体育与健康课程目标体系结构图

学校体育目标是指在一定活动空间和时期范围内学校体育实践所要达到的预期结果。它是学校体育目的的具体化，表示学校体育应培养什么样的“人才”，这些人才应该具备怎样的层次、类型和基本规格，是学校体育的出发点和归宿。

体育与健康课程标准根据课程目标划分领域目标、根据领域目标划分水平目标，从而构成了课程目标→领域目标→水平目标三个递进的目标体系(见图5-2)。

图5-2　课程、领域、水平三个层次目标的递进关系

体育与健康“课程目标”是课程教育价值的具体体现，是促进学生全面健康发展预期学习结果的指向，是教师设计教学(包括计划、目标、内容、组织、方法、评价等方面)的重要依据。因此，根据体育与健康课程标准制定的课程目标，科学设置具有可操作、可观测、可评价的学习目标，是体育教师正确实施体育课程教学的基础和前提。体育与健康课程目标是一定的体育目的在体育课程领域的具体化，是对学生通过体育课程学习所要达到的预期学习结果的陈述，它一般是由国家的体育课程标准明确规定的。体育课程目标提出所要达到的目的，但并不具体指明特定的学习内容，而是指出达到目标的学习者的某些特征。如何将体育目的转换为体育课程目标是体育课程编制过程中的重要环节。

学习领域是在体育课程中按学习目标与内容标准性质的不同划分的学习范畴。学习领域目标是指期望学生在各学习领域达到的学习结果，体育课程目标通过各个领域目标的达成而实现。我国新颁布的体育与健康课程标准将学习目标与内容标准划分为四个领域：运动参与、运动技能、身体健康、心理健康和社会适应。四个领域相互联系、相互影响。划分学习领域是为了给体育课程的实施者——地方、学校、体育教师、学生指明通过体育课程的学习，期望学生在哪些方面发生变化。体育课程学习领域的划分有利于体育教师在体育教学实践中更好地从教育的角度理解、把握体育的价值，发挥体育的教育功能，促进学生的全面协调发展。

学习水平是根据学生的身心发展特征，学生达到的体育课程目标的程度和所学习内容的特点划分的等级。水平目标指不同学段与水平的学生在各个领域中预期达到的学习结果，为地方、学校、体育教师指明了某一水平的学生通过体育课程学习应达到的基本要求。它只是具体指出学生在学习后应该能做什么，做到什么程度。学习水平的划分，一方面为地方、学校和体育教师指明了体育实践活动的开展方向，另一方面，又为地方、学校和体育教师因地制宜、因人制宜地安排教学内容留下了选择的余地和创造的空间。各地、各校和体育教师应根据水平目标所提出的要求、指明的方向，结合实际的情况灵活地安排体育课程的教学内容开展体育教学活动。

体育教学目标是预期的学生在体育教学的实际情景中产生的学习结果或学习活动预期应达到的标准。“教学目标是教师为了提高教学效率，在教学前所拟定的教学指标。它可作为师生共同努力的标志。”体育教学目标是学生学习结果或学习活动预期应达到的标准和在体育教学的实际情景中产生的结果。

课外体育活动目标是学生通过课外体育活动所能得到的预期结果。课余体育训练目标是通过对少数具有一定运动潜能的学生的训练能得到的预期结果。课余体育竞赛目标是通过开展各种各样的、形式丰富的运动竞赛能得到的预期结果。

各级目标能否在实践中起到核心的指导作用，关键在于目标对外界的敏感性与开放性，即各级目标能否正确反映社会发展的需要、体育学科本身的发展、学生身心发展的特点与需要。各级目标越是能被社会，尤其是被学生所接受就越具有对体育教学、体育锻炼、训练竞赛活动的指导作用和渗透作用。

第二节 我国现行的体育与健康课程目标

联合国教科文组织将教育的基本目的界定在“把一个人在体力、智力、情感、伦理各方面的因素综合起来，使他成为一个完善的人”。这一目的对于教育具有鲜明的指向作用。我国学校体育的目标是有效地增进学生的健康；能较为熟练地掌握和应用基本的体育与健康知识和运动技能；形成运动的兴趣、爱好和坚持锻炼的习惯；培养和形成良好的心理品质，提高人际交往的能力与合作精神；提高对个人健康和群体健康责任感，形成健康的生活方式；形成积极进取、乐观开朗的生活态度；提高少数学生的运动技术水平。这一目标成为体育与健康课程目标、领域目标、水平目标、教学目标设计的重要依据。

一、体育与健康课程目标

体育与健康课程目标是学生通过体育课程的学习应达到的总目标、领域目标、水平目标的总称，体育与健康课程目标明确提出了通过体育课程学习，学生应在哪些方面发生什么样的变化。体育教师应依据体育与健康课程目标、领域目标、水平目标、学生应达到的基本要求，结合学校、学生自身的实际，审视、选择、创编体育运动项目和各种体育活动。

(1)我国义务教育体育与健康课程的总目标。体育与健康课程对于实施素质教育，培养学生的爱国主义、集体主义精神，促进学生德、智、体、美全面发展具有重要的意义。通过课程的学习，学生将掌握体育与健康的基础知识、基本技能与方法，增强体能；学会学习和锻炼，发展体育与健康实践和创新能力；体验运动的乐趣和成功，养成体育锻炼的习惯；发展良好的心理品质、合作与交往能力；提高自觉维护健康的意识，基本形成健康的生活方式和积极进取、乐观开朗的人生态度。

(2)我国高中体育与健康课程总目标。增强体能，掌握和应用基本的体育与健康知识和运动技能；培养运动的兴趣和爱好，形成坚持锻炼的习惯；具有良好的心理品质，表现出人际交往的能力与合作精神；提高对个人健康和群体健康的责任感，形成健康的生活方式；发扬体育精神，形成积极进取、乐观开朗的生活态度。

二、体育与健康课程领域目标

(一)义务教育体育课程领域目标

(1)运动参与。运动参与是指学生参与体育学习和锻炼的态度及行为表现，是学生习得体育知识、技能和方法，锻炼身体和提高健康水平，形成积极的体育行为和乐观开朗人生态度的实践要求和重要途径。课程强调通过丰富多彩的内容、形式多样的方法，在小学阶段注重引导学生体验运动乐趣，激发、培养学生的运动兴趣和参与意识，在初中阶段引导学生逐步形成体育锻炼的意识和习惯。

运动参与的目标：①参与体育学习和锻炼；②体验运动乐趣与成功。运动参与是学生发展体能、获得运动技能、提高健康水平、形成乐观开朗的生活态度的重要途径。运动参与的目标要求课程通过形式多样的教学手段、丰富多彩的活动内容来培养学生参与体育活动的兴趣和爱好，使学生能够通过运动体验运动乐趣并感受到成功的喜悦。

(2)运动技能。运动技能是指学生在体育学习和锻炼中完成运动动作的能力，它反映了体育与健康课程以身体练习为主要手段的基本特征，是课程学习的重要内容和实现其他学习方面目标的主要途径。在小学阶段，要注重体育游戏学习，发展学生的基本运动能力；在初中阶段，要注重不同项目运动技术的学习和应用，鼓励学生参加多种形式的比赛，逐步增强学生的体育与健康学习能力、安全从事运动的能力，加深对体育运动的理解。无论是在小学阶段还是在初中阶段，都要重视选择武术等民族民间传统体育活动项目进行学习。

运动技能的目标是：①学习体育运动知识；②掌握运动技能和方法；③增强安全意识和防范能力。重视学生学会多种基本运动技能，在此基础上形成自己的兴趣爱好并有所专长，提高终身体育锻炼的能力。同时在学习过程中，学生也能了解到安全地进行体育活动的知识和方法，并获得在野外环境中的基本活动技能。

(3)身体健康。身体健康是指人的体能良好、机能正常和精力充沛的状态，与体育锻炼、营养状况和行为习惯密切相关。本方面是课程学习的重要内容和期望的重要结果。课程强调引导学生努力学习和锻炼，全面发展体能，提高适应环境变化的能力，形成关注自身健康的意识和行为。小学阶段要注意引导学生了解营养、行为习惯和疾病预防对身体发育和健康的影响；初中阶段应要求学生了解生活方式、疾病预防等对身体健康的影响，自觉抵制各种危害健康的不良行为，初步掌握科学锻炼的方法，提高体能水平，基本形成健康的生活方式。

身体健康的目标是：①掌握基本保健知识和方法；②塑造良好的体形和身体姿态；③全面发展体能与健身能力；④提高适应自然环境的能力。这一领域的目标提示我们，课程重视在引导学生积极参与体育活动、发展体能的同时，注意身体形态的养成，提高适应自然环境的能力，使他们掌握基本的健康知识和方法，有效地提高学生的身体健康水平。

(4)心理健康与社会适应。心理健康与社会适应是指个体自我感觉良好以及与社会和谐相处的状态与过程，与体育学习和锻炼、身体健康密切相关。本方面既是课程学习的重要内容，也是课程功能和价值的重要体现。课程十分重视培养学生的自信心、坚强的意志品质、良好的体育道德、合作精神与公平竞争的意识，帮助学生掌握调节情绪和与人交往的方法。小学阶段要注意培养学生自尊、自信、不怕困难、坦然面对挫折的精神，引导学生在体育活动中学会交往；初中阶段要注意指导学生掌握调节情绪的方法，培养果敢、顽强的意志品质和团队合作精神。

心理健康与社会适应的目标：①培养坚强的意志品质；②学会调控情绪的方法；③形成合作意识与能力；④具有良好的体育道德。从这一领域的目标来看，可以这样认为，课程十分重视通过体育活动来磨炼学生的意志品质提高，调节情绪的能力和社会适应能力。这也提示我们，在体育教学中，既要使学生掌握基本的运动技能，又要能发展心理品质，创设一些专门的情景，采取一些特别的手段，培养合作和竞争意识、交往能力，促进学生心理健康水平的提高。

运动参与、运动技能、身体健康、心理健康与社会适应四个方面是相互联系的整体，各个学习方面的目标主要通过身体练习实现，不能割裂开来进行教学。

(二)高中体育与健康课程领域目标

(1)运动参与领域目标是促进学生有规律地参与体育锻炼，使学生将体育活动成为生活中不可缺少的组成部分；掌握科学锻炼方法，强调学生对科学锻炼身体理论和方法的掌握与应用。

(2)运动技能领域目标是获得和应用运动基础知识；提高运动技能的水平，增强运动技能的运用能力；具有安全地进行体育活动的能力。

(3)身体健康领域目标是具有安全进行体育活动的能力；提高预防疾病的意识和能力；理解营养、环境和生活方式对身体健康的影响；形成健康的生活方式；改善身体健康状况。

(4)心理健康领域目标是培养积极的自我价值感；提高调控情绪的能力；形成坚强的意志品质；具有预防心理障碍和保持性心理健康的能力；提高预防和消除心理障碍的意识和能力；学会通过科学的体育锻炼预防或消除心理障碍，能在日常生活中自觉地运用体育活动预防或消除心理障碍。

(5)社会适应领域目标是具有和谐的人际关系、良好的合作精神，表现出良好的体育道德，表现出团队意识和行为；具有积极的社会责任感：认识个人参与体育与健康活动的权利和义务；在体育与健康问题上表现出有责任感的社会行为；关心社会的体育与健康问题。

课程标准把体育与健康课程界定为以“身体练习为主要手段，以体育与健康知识，技能和方法为主要学习内容，以增进学生的整体健康为主要目标的一门课”。从这里就可以看出，我们的体育与健康课程改变了过去按运动项目来划分课程学习内容和教学时数的框架，根据三维健康观、体育本身的特点以及国际上的一些趋势，将不同性质的学习内容划分为这四个方面的内容。这四个方面实际上由两条主线构成，一个是运动主线，另一个是健康主线。其中，运动主线它主要包括运动参与和运动技能；健康主线主要包括身体健康、心理健康和社会适应两个方面。这两条主线更好地体现了我们体育与健康课程的性质，也就是以身体练习为主要手段，以增进健康为主要目标的一个性质。这一个学习方面构成我们体育与健康课程的一个内容体系，这个内容体系是一个有机联系的一个整体，也即每个方面都不能脱离其他方面独立存在，其中运动参与和运动技能的学习是进行体育与健康学习、达成课程目标的一个重要载体。

三、课程内容与学习目标

体育与健康课程目标分为四个领域目标，四个领域都有各自的领域水平目标。体育与健康课程标准根据学生的身心发展特征和学习内容的特点划分水平等级。中小学体育与健康课程标准共设立了六个学习水平，包括小学1~2年级、3~4年级、5~6年级、初中和高中等阶段，每个学习水平都设立了明确的水平目标，并根据水平目标来确定每个学习水平的学习内容和活动建议。体育与健康课程标准将中小学的 12 个年级划分为 6 个学习水平，主要是为了在一定的阶段内，更好地加大教材内容的弹性。如水平四包括初中 3 个年级，学校和教师可以根据本校的具体条件、学生的兴趣爱好以及体能和运动技能基础等方面的情况，把水平四的学习内容合理地安排在初中一、二、三年级中，这有利于适应不同地区、不同学校的实际情况。因此，划分学习水平为地方、学校、体育教师因地制宜、因人制宜地安排教学内容留下了选择的余地和创造的空间，这样既提高了对教师的要求，又调动了广大教师的积极性和创造性。

水平的划分主要是根据学生的身心发展特征来进行的。7~8 岁与 11~12 岁的儿童在身心发展方面的差异很大，部分 11~12 岁的女生已进入生长发育高峰期，9~10 岁的儿童则处于两者的衔接期，13~15 岁的男女生都已进入生长发育的高峰期。大部分 16~18 岁的男女生的生长发育接近或基本完成，其身心发展达到了较高水平。六级学习水平的划分既有利于学生在各个阶段学习的内容有机衔接，也有利于学校根据学生的阶段性特点开展教学。

以往的体育教学大纲是按照各个年级分别设置教学目标、规定教学内容和时数比例、制定评定标准的，这给体育教师的工作带来了方便。但是这一做法未充分考虑各地、各校的差异，要求所有的学校“齐步走”是不切合实际的，加上对各年级的教学内容的具体规定，这种统一性使各地、各校失去调节和灵活的余地，从而给学校的体育教学造成了不便。此外，学生的身心发展并不是与每个年级一一对应的，很难区分相近年龄的学生在身心发展特征方面有什么差异，但学生的身心发展特征具有鲜明的阶段性。再者，由于学生在各方面的差异较大，规定学习内容，则会造成一些学生“吃不了”，另一些学生“吃不饱”的现象。

(一)水平一至水平六的课程内容与学习目标

课程标准将每一个学习领域目标细分为若干个水平目标，并对如何达到某一水平目标提出了若干活动建议或内容建议，而不是规定。这就给学校、教师和学生留有很大的选择余地和空间，“条条大路通罗马”也是对此一个很好的说明。我们将水平一至水平四(见表 5-1、表 5-2、表 5-3、表 5-4)以及水平五、水平六的课程内容与学习目标做一个纵向的比较(见表 5-5、表 5-6、表 5-7、表 5-8、表 5-9)。

(二)水平目标的特点

1. 水平目标的层级递进性

体育与健康课程标准中各水平目标之间是沿着从低到高、由易到难的层级向前递进的，尽管从小学到高中都有相同的四个学习领域目标，但具体到相应的水平目标的难度时是逐步递进的，如体育与健康课程标准在学习和应用运动技能学习领域目标中，起始是要求学生初步掌握简单的技术动作，水平一继而又逐步递进为会做简单的组合动作，水平二初步掌握运动基本技术，水平三发展运动

表 5-1 **水平一至水平四运动参与的课程内容与学习目标**

		水平一	水平二	水平三	水平四
运动参与	学习目标	参与体育学习和锻炼：上好体育与健康课并积极参加课外体育活动	参与体育学习和锻炼：积极参加多种体育活动	参与体育学习和锻炼：学会通过体育活动进行积极性休息	参与体育学习和锻炼：初步形成体育锻炼的习惯
	评价要点	能够描述所学项目名称或动作术语	学习新的体育活动和体育游戏时的表现	运用体育活动进行积极性休息的表现	参加课外体育锻炼情况
	评价方法举例	教师或学生做出一些动作，让学生尝试说出动作的名称或术语	评价学生在学习“钻山洞”游戏活动中的积极表现	让学生说出运用体育活动进行放松休息的事例	让学生说出过去一周参加体育锻炼的次数和时间，并进行自我评价

表 5-2 **水平一至水平四运动技能的课程内容与学习目标**

		水平一	水平二	水平三	水平四
运动技能	学习目标	学习体育运动知识：获得运动的基本知识和体验。掌握运动技能和方法：①学习基本的身体活动方法和体育游戏。②学习不同的体育游戏活动方法。增强安全意识和防范能力：初步了解安全运动以及日常生活中有关安全避险的知识和方法	学习体育运动知识：①学习奥林匹克运动的相关知识。②体验运动过程并了解动作名称含义。掌握运动技能和方法：①提高基本身体活动和完成体育游戏的能力。②初步掌握多种体育活动方法。增强安全意识和防范能力：重视体育活动和日常生活中的安全问题	学习体育运动知识：①丰富奥林匹克运动的知识。②了解运动项目的知识。③学会体育学习和锻炼。④观看体育比赛。掌握运动技能和方法：①掌握有一定难度的基本身体活动方法。②基本掌握运动项目的技术动作组合。增强安全意识和防范能力：初步掌握运动员损伤及常见意外伤害的预防与处理方法	学习体育运动知识：①简要分析体育比赛中的现象与问题。②提高体育学习和锻炼的能力。掌握运动技能和方法：基本掌握并运用运动技术。增强安全意识和防范能力：①提高安全运动能力。②将安全运动的意识迁移到日常生活中

续表

		水平一	水平二	水平三	水平四
运动技能	课程内容	学会常见球类游戏，如小足球、小篮球等；学会些体操类活动基本动作，如立正稍息等；学习些游泳或冰雪类活动基本动作；学会武术类基本动作，3~5个简单动作组合等；学会其他民间民族传统体育活动项目的基本活动	完成多种基本身体活动动作。初步掌握几项球类活动的基本方法，如小足球、小篮球；初步掌握一些体操类活动的基本动作，如爬绳，单杠；初步掌握些游泳或冰雪类活动的基本动作；初步掌握些武术类活动的基本动作；初步掌握一些其他民间民族传统体育活动项目的基本活动	初步掌握简单的科学的锻炼方法，完成有一定难度的基本身体活动动作；基本掌握一些体操类运动项目的简单技术动作组合；基本掌握些游泳或冰雪类活动的基本技术；基本掌握一些简单的武术套路；基本掌握其他民间民族传统体育活动项目的基本技术	基本掌握科学锻炼身体的基本知识和方法；基本掌握和运用一些田径类运动项目的技术；基本掌握和运用一些球类运动项目的技术和简单战术；基本掌握和运用一些体操类运动项目的技术；基本掌握和运用些游泳或冰雪类运动项目的技术；基本掌握和运用一些武术类运动项目的技术；基本掌握并运用一些其他较复杂的民族民间传统体育活动项目的技术
	评价要点	学生完成动作的情况	对奥林匹克运动知识的了解程度，对有关动作术语的了解程度；完成动作的熟练度	对奥林匹克知识的进一步了解；了解常见运动项目的种类和数量；体育学习和锻炼的能力	对现代体育发展的认识；对科学锻炼基本知识的掌握程度；自主解决体育锻炼过程中的问题
	评价方法举例	评价学生参与各种球类游戏活动时的表现；完成所学动作的协调性和连贯性	学生自己说出所知道的奥运会知识；让学生进行动作模仿，并说出其名称和术语；评价学生在“撒渔网”游戏中的速度和灵敏性	学生分组展示以奥运会为主题的墙报；学生说出自己知道的运动项目的健身价值；学生自己改编简单的徒手操	让学生写有关举办奥运会意义的小文章；让学生自己测锻炼过程中的心率；学生自主制订锻炼计划，再找出存在的问题，按老师指导修改

表 5-3　　**水平一至水平四身体健康的课程内容与学习目标**

		水平一	水平二	水平三	水平四
身体健康	学习目标	掌握基本保健知识和方法：初步了解个人卫生保健知识和方法。塑造良好体形和身体姿态：注意保持正确的身体姿态。提高适应自然环境的能力：发展户外运动能力	掌握基本保健知识和方法：①了解个人卫生保健知识和方法。②初步了解疾病预防知识。塑造良好体形和身体姿势：改善体形和身体姿势。全面发展体能和健身能力：发展柔韧性、灵敏性、速度和力量。提高适应自然环境的能力：增强适应气候变化的能力	掌握基本保健知识和方法：①初步了解人体运动系统。②了解卫生防病的知识和方法。③了解食品安全与健康的关系。④初步掌握青春期的生长发育特点与保健知识。塑造良好体形和身体姿势：保持良好的身体姿态。全面发展体能和健身能力：提高灵敏性、力量、速度和心肺耐力	掌握基本保健知识和方法：①了解生活方式与健康的关系。②基本掌握卫生防病的知识和方法。③基本掌握青春期保健知识。全面发展体能与健身能力：在运动项目练习中提高灵敏性、力量、心肺耐力和健身能力
	课程内容	了解饮食、用眼、口腔卫生等个人卫生保健知识和方法。知道正确的身体姿态。完成多种柔韧练习，如横叉、竖叉	了解近视眼预防、食品卫生、主要营养素的作用等有关知识，初步了解一些疾病的危害和预防知识。保持良好体形，矫正不正确身体姿态。了解体能的构成。通过多种练习发展柔韧性。适应寒暑、燥湿等气候变化	知道运动系统的基本构成。了解一些疾病预防的基本知识和方法。了解食品安全的基本知识，了解青春期的生长发育特点及保健常识；初步了解不同身体姿态所代表的礼仪内涵，并保持良好身体姿态。通过多种练习提高灵敏性、力量水平、速度水平，发展心肺耐力	了解营养、睡眠、吸烟、饮酒等与健康的关系。基本掌握一些疾病的预防知识和方法。遵循青春期的身心变化规律，基本掌握保健知识和方法，在多种运动项目中练习，提高灵敏性、速度水平、力量水平，提高心肺耐力
	评价要点	了解所学保健知识的程度以及日常的个人卫生表现；完成柔韧练习的质量	对个人卫生保健知识和方法的掌握；了解预防疾病知识；对良好体形的认识和保持；了解体能构成	了解人体系统；了解疾病防预基本知识；对食品安全了解程度；对青春期生长发育特点的了解	对生活方式与健康关系的了解程度；对所学传染病的传播途径和预防方式、青春期保健知识的了解程度
	评价方法举例	例如：让学生说出自己日常个人卫生要求；识别正确身体姿态的能力；柔韧测试	让学生自我评价个人卫生；说出 1~2 个常见疾病预防方法；说出跑步可以发展的主要体能	分析某项运动动作的主要肌肉骨骼和关节；让学生说出 2~3 个预防食物中毒的方法；让学生说出自己的身体特征和机能变化	学生自己说出合理饮食与控制体重的关系；说出某一种传染病的传播预防方式；说出常见生理问题预防、处理方法

表 5-4　　**水平一至水平四心理健康与社会适应的课程内容与学习目标**

		水平一	水平二	水平三	水平四
心理健康与社会适应	学习目标	培养坚强的意志品质：努力完成当前的学习任务。学会调控情绪的方法：体验体育活动对情绪的积极影响。形成合作意识与能力：在体育活动中适应新的合作环境。具有良好的体育道德：在体育活动中爱护和帮助同学	培养坚强的意志品质：坚持完成有一定困难的体育活动。学会调控情绪的方法：在体育活动中保持积极稳定的情绪。形成合作意识与能力：在体育活动中乐于交流与合作。具有良好的体育道德：遵守运动规则并初步自我规范体育行为	培养坚强的意志品质：①在体育活动中表现出克服困难的意志品质。②正确认识和对待身体条件和运动能力的差异。学会调控情绪的方法：在体育活动中注意调节自己的情绪。形成合作意识与能力：在团队体育活动中能较好的履行自己的职责。具有良好的体育道德：①形成良好的体育道德意识和行为。②在体育活动中尊重相对较弱者	培养坚强的意志品质：具有坚决果断的决策能力。学会调控情绪的方法：积极应对挫折和失败并保持稳定情绪。形成合作意识与能力：树立集体荣誉感。具有良好的体育道德：形成良好的体育道德行为并迁移到日常生活中
	课堂标准	完成体育学习和锻炼任务；体验体育活动中的情绪变化；在新的合作环境中愉快进行体育活动和体育游戏	在比较困难的体育活动中表现出自信和克服困难的勇气；正确认识自己及他人的身体条件和运动能力，并对自己充满信心。在体育活动中遇到挫折注意控制情绪，表现自制力。乐于融入团队完成自己的任务。对体育道德有一定认识并努力实践。正确对待在体育活动中相对较弱者	在有一定困难的体育学习和锻炼中坚持完成任务；在体育活动中保持高昂情绪；在体育活动中主动与同伴进行交流与合作	积极应对各种困难，并果断做出决策；分析体育学习和锻炼中遇到挫折和失败的原因，并保持稳定和积极的情绪。在集体性体育活动中共同努力实现目标，在体育活动中、比赛和日常生活中表现良好的道德行为
	评价要点	进行体育活动时的情绪；适应新环境的能力；活动中的团结合作互助的表现行为	完成困难任务时的表现；体育活动中情绪积极、稳定、高昂；活动中的交流合作情况；道德行为表现	在困难条件下不断努力的表现；与不同能力的同学一起参与体育活动的表现；说出自己适合的体育项目	体育活动中的决策表现；应对挫败和失败的情绪；正确处理个人和集体的关系
	评价方法举例	说出体育活动后情绪变化实例；说出环境中的情况体验；活动中的团结互助的表现行为	耐久跑、小篮球比赛中的情绪表象实例；“两人三足跑”的合作表现；比赛中的规范体育行为	让学生克服长跑中的“极点”反应；自我评价或相互评价失败时的情绪	学生举例自己在体育活动中的果断决策事例；自己面对失败的情绪

表 5-5　　水平五、水平六运动参与的课程内容与学习目标

		水平五	水平六
运动参与	学习目标	自觉参与体育锻炼：①描述有规律的体育锻炼对健康的益处②有规律地进行体育锻炼；制订并实施简单的个人锻炼计划：①知道科学锻炼的基本原理。②根据自身情况制订简单的个人锻炼计划。③按计划进行体育锻炼。评价体育锻炼效果：①应用简单的方法测试自己的体能，如台阶试验、坐位体前屈测试、仰卧起坐测试等。②评价体能测试的结果。③描述经过一段时间体育锻炼后自身健康状况的变化	在坚持参与体育锻炼的基础上带动同伴进行体育锻炼：①将体育活动作为生活中不可缺少的组成部分。②利用余暇时间经常带动同伴参与体育锻炼。③收集同伴参与体育锻炼时反馈的信息，并给予适当的指导。在科学锻炼的基础上帮助同伴制订简单的锻炼计划：①为自己制订科学的锻炼计划。②按计划进行科学的体育锻炼。③帮助同伴制订简单的锻炼计划

表 5-6　　水平五、水平六运动技能的课程内容与学习目标

		水平五	水平六
运动技能	学习目标	认识多种运动项目的价值：①讨论竞技运动与健身运动的区别。②认识多种运动项目对改善身体健康、心理健康，提高社会适应能力的价值。关注国内外重大体育赛事：①阅读报纸、杂志中有关重大体育赛事的报道。②对某些重大体育赛事做出简单评论。提高运动技能的水平，增强运动技能的运用能力：①参加班内体育比赛或组合、选编运动动作。②自觉运用所掌握的运动技能参加课外体育活动。具有安全进行体育活动的能力：①掌握运动创伤和紧急情况下的简易处理方法。②掌握常见运动创伤的简易处理方法，学会人工呼吸等常用救人方法	利用互联网资源为体育实践服务：①通过互联网获取体育知识和方法。②对有关体育网站进行比较和评价。③利用互联网资源制订体育锻炼计划。了解国内外重大体育事件：①对某些重大体育事件有较系统的了解，如申办奥运会等。②撰写有关重大体育事件的文章。③初步了解当代体育文化的发展趋势。在提高所选运动项目技能水平的基础上组织和参加课外体育比赛：①进一步提高所学运动项目的技能水平。②组织和参加课外体育比赛，如班级间、年级间、学校间、社区内的比赛等。③担任课外体育比赛的裁判工作。自觉关注社会中与体育活动有关的安全问题：①调查体育活动过程中影响安全的因素。②对学校、家庭、社区中与体育活动有关的不安全因素提出改进建议
	课程内容	田径类（如长跑、跳高等）、水上或冰雪类（如蛙泳、滑冰等）、民族民间体育类（如有一定难度的武术套路或对练等）、新兴运动类（如攀岩、轮滑等）项目运动技能水平的学习；球类项目（如篮球、足球、乒乓球等）技战术的学习；成套的体操、健美操或舞蹈动作和练习方法；学会人工呼吸等常用救人方法	在水平五基础上进一步提高田径类（如长跑、跳高等）、水上或冰雪类（如蛙泳、滑冰等）、民族民间体育类（如有一定难度的武术套路或对练等）、新兴运动类（如攀岩、轮滑等）项目运动技能水平；学习和灵活运用球类项目（如篮球、足球、乒乓球等）技战术；成套的体操、健美操或舞蹈动作和练习方法的学习；调查体育活动过程中影响安全的因素并提出改进意见

表 5-7　　水平五、水平六身体健康的课程内容与学习目标

		水平五	水平六
身体健康	学习目标	增强体能：①通过多种练习提高心肺功能和有氧耐力。②通过多种练习提高肌肉力量和肌肉耐力通过多种练习增强灵敏协调性和柔韧性，提高速度和反应力③通过多种练习控制体重。了解传染性疾病和非传染性疾病的传播途径和预防措施。理解营养、环境和生活方式对身体健康的影响：①掌握和应用营养知识；②懂得环境因素对身体健康的影响；③逐步形成健康的生活方式。改善身体健康状况：①关注和改善自己的身体健康状况；②了解我国传统养生保健方法与现代体育锻炼方法的异同	在不断提高体能的基础上帮助同伴改善体能状况：①进一步通过体育活动增强体能。②分析同伴体能变化的原因。③对改善同伴的体能状况提出建议。提高对艾滋病和性病的认识：①了解艾滋病和性病的国内外流行趋势。②理解艾滋病和性病对人类社会发展造成的危害。③积极参与预防艾滋病和性病的宣传和教育活动。在形成健康生活方式的基础上帮助同伴养成良好的生活习惯：①形成健康的生活方式。②劝说同伴消除不良生活习惯。③向同伴提出有利于形成健康生活方式的建议。在不断增进身体健康的基础上帮助同伴改善身体健康状况
	课程内容	通过各种体育活动增强体能；学习预防艾滋病和性病的宣传和教育；对饮食营养卫生进行要求，初步制定 2～3 个有特色的简单营养配餐处方；安排好学习、锻炼与休息的时间等；制订改善自己身体健康状况的计划，并予以实施；学会一两种我国传统养生保健方法	进一步通过体育活动增强体能；参与预防艾滋病和性病的宣传和教育活动；形成健康的生活方式，劝说同伴消除不良生活习惯，向同伴提出有利于形成健康生活方式的建议；进一步增进自己的身体健康，认真完善实施改善自己身体健康状况的计划

表 5-8　**水平五、水平六心理健康的课程内容与学习目标**

		水平五	水平六
心理健康	课程内容	通过各种体育活动增强体能；学习预防艾滋病和性病的宣传和教育；对饮食营养卫生进行要求，初步制定2~3个有特色的简单营养配餐处方；安排好学习、锻炼与休息的时间等；制订改善自己身体健康状况的计划，并予以实施；学会一两种我国传统养生保健方法	进一步通过体育活动增强体能；参与预防艾滋病和性病的宣传和教育活动；形成健康的生活方式，劝说同伴消除不良生活习惯，向同伴提出有利于形成健康生活方式的建议；进一步增进自己的身体健康，认真完善实施改善自己身体健康状况的计划
	学习目标	在体育活动中努力获得成功感：①通过合理设置目标使自己在体育活动中不断获得成功。②分析体育活动中成功与失败的原因。③在体育活动中充分展示自己的运动能力。④在不断进步的过程中培养自尊和自信。发展学习能力：①通过体育活动发展自主学习能力。②通过体育活动发展探究学习能力。③努力将体育活动中发展的学习能力迁移到日常学习和生活中。表现出调控情绪的意愿与行为：①懂得不良情绪对健康的危害。②了解自己在日常学习和生活中的情绪变化的特征。③努力在日常学习和生活中自觉运用适宜的调控情绪的方法。具有预防心理障碍和保持性心理健康的能力：①提高预防和消除心理障碍的意识和能力。②正确对待性心理变化	逐步形成积极进取的人生态度：①理解体育活动对形成积极人生态度的作用。②表现出珍惜生命、积极进取、自强不息的人生态度。具有帮助同伴调控情绪的意愿与行为：①在体育活动中运用所学方法帮助同伴消除不良情绪。②帮助同伴选择调控情绪的适宜方法。在不断提高心理健康水平的基础上关注同伴的心理健康：①通过体育活动不断提高自己的心理健康水平。②表现出为同伴创设良好心理环境的意愿和行为。③自觉运用所学知识分析同伴的心理健康状况。④与同伴一起通过体育活动增进心理健康

表 5-9　　**水平五、水平六社会适应的课程内容与学习目标**

		水平五	水平六
社会适应	学习目标	具有和谐的人际关系和良好的合作精神：①正确处理体育活动与其他活动中竞争与合作的关系。②与同伴一起分担和处理体育活动与其他活动中遇到的困难和问题。③尊重他人对体育活动的兴趣和需要。④在体育活动中不故意伤害他人。⑤在体育比赛中遵守规则和服从裁判。⑥成为体育比赛中的文明观众。认识个人参与体育与健康活动的权利和义务：①在学校和社区体育与健康活动中履行自己的权利和义务。②尊重他人参与学校和社区体育与健康活动的权利和义务。③了解国家有关体育与健康的主要法规。④在体育与健康活动中表现出负责任的社会行为	表现出团队意识和行为：①在体育活动和比赛中明确自己的角色与团队的关系。②在体育活动和比赛中与同伴齐心协力取得集体的成功。③将体育活动和比赛中培养的团队意识和行为迁移到日常学习和生活中。关心社会的体育与健康问题：①评价学校和社区的体育与健康环境。②调查影响学校和社区开展体育与健康活动的社会因素。③积极为学校和社区的体育与健康活动服务。④主动参与学校和社区体育与健康环境的创设工作
	课程内容	与同伴一起分担和处理体育活动与其他活动中遇到的困难和问题；文明参加体育比赛，遵守体育规则；爱护公共体育设施与器材，保护运动场内外的环境卫生等	在体育活动和比赛中与同伴齐心协力完成比赛；积极为学校和社区的体育与健康活动服务并参与到学校和社区体育与健康环境的创设工作

技战术能力，水平四提高一两项运动的技战术水平和增强技战术的运用能力，水平五组织和参加小型体育比赛，水平六熟练掌握两项以上健身运动的基本方法和技能，能科学地进行体育锻炼，提高自己的运动能力，掌握常见的运动损伤的处置方法，以及积极提高运动技术水平，发展自己的运动才能，在某个运动项目上达到或相当于国家等级运动员水平，能参加有挑战性的野外活动和运动竞赛。每一个领域目标都呈现出了这种规律，这种水平目标之间的层级递进符合各学段学生的认知规律和身心发展特征，这种层级设计就像一座金字塔，底基宽，随着高度的增加而逐渐缩小口径，从而形成一个拥有坚实基础的结构。九年义务教育阶段(1～9 年级)

的体育与健康知识和运动技能要注重教学内容的基础性和全面性，高中阶段(10~12年级)的体育与健康知识和技能则要强调教学内容的多样性与选择性。

2. 水平目标层级之间内容的有机衔接性

在内容结构方面，结合体育与健康课程标准小学阶段，在注意激发和保护学生的体育兴趣的前提下尽可能多地让学生学习一些体育活动内容。初中阶段适当收缩学习内容，在每类运动项目中，根据实际情况有重点地选择一两项运动技能作为学习内容以形成和发展学生的体育爱好。高中阶段，学生则可以在选定的体育学习内容中重点学习一两项运动技能以发展熟练运用该项运动技能的能力。

按照上述对应各水平目标层级教学内容的安排，学生到水平四阶段，就可学习或接触七八十个运动项目，这其中既有对主学类教学内容的反复循环学习，又有对其他体育项目或多或少的了解和接触。在各个层面上基本可以达到学习领域目标的学习要求，到高中阶段还可以学习更多的体育项目。但是如何保持体育学习的连续性，即使各水平目标层级之间有机地衔接，是现实中一个非常具体的问题。

体育教学的内容面广量大，学生的体育兴趣千差万别，体育教学的总体目标又是一致的，怎样使学生通过不同的锻炼途径将各异的兴趣爱好达到共同的目的，是体育与健康课程标准给各学校和体育教师的一个创造性问题。以往的教学大纲，从形式上看全面周到，兼顾了人的整体发展，但实质上各学段的内容彼此衔接不紧密，而且教学内容都是大而全，低层次重复现象严重，实际上每个学期、每个学年、每个学段的全面发展恰恰不利于培养学生的体育兴趣。一个铅球项目从小学推到大学，跳远跳高也是周而复始，前滚翻一翻就是若干年，到头来有几个人在课外或是毕业之后是以此作为健身手段呢？所以这种貌似全面发展的教学安排正是学生喜欢体育而不喜欢体育课的真正原因。现在体育与健康课程标准仅给出了领域目标和水平目标，教学的内容如何安排呢，在体育与健康课程标准与体育教学之间还应该搭建一个新的平台，各地、各学校要选择好体育教学内容，教学内容之间的水平层级要有序衔接。

3. 水平目标层级之间的有序递进性

任何一个学生的小学与初中阶段之间，初中与高中阶段之间都难以确定是在同一学校之间的纵向延伸，那么各水平目标层级之间如何实现有序衔接？其实，学段层级越高体育选项的专项性越明显，这样低学段向高学段递升时利用单元间的选项分班，即各行政班之间的交叉排课问题就很容易解决。如初中学段学生喜欢的是篮球，到高中学段易校上课如果仍想学习篮球的话，只需通过填报志愿或网上选课就仍可以保持学习篮球专项的连续性，学习内容的有序递进必然能保证水平目标层级的有机衔接，而学习领域目标和水平目标的基本要求是一致的。

(三)各水平层级选择体育教学内容的原则

1. 教育性原则

各水平层级即各学段在选择体育教学内容时一定要注意到其蕴涵的教育价值，要有针对性地选择有利于对学生进行爱国主义、集体主义教育的教学内容，对学生进行系统的遵守纪律和规则、团结协作、勇敢进取以及公平竞争、增进人际交往品质的教育与教学。

2. 领域目标和水平目标相一致原则

所选的教学内容应以能完成课标和纲要中提出的对应领域目标和水平目标为基本前提，各水平层级均有其对应的目标，要求选择的内容应有针对性，不能过高或过低，要适应学生的实际需要和水平。

3. 科学性原则

体育教学内容的科学性，第一，要能有效地增进学生的身心健康，有助于培养学生的体育锻炼能力。第二，在体育教学环境和条件下实施时是安全的。第三，所选的教学内容应具有可行性，本地、本学校的条件设施应能基本满足教学需要。

4. 兴趣性原则

兴趣是引导人们持续不断参加体育锻炼的重要因素，失去了趣味性就难以激发参与者的热情，当学生能体验到运动的乐趣时就会有“不用扬鞭自奋蹄”的锻炼的自觉性。要在具有目标统一性和有可行性的备选教学内容中选排具有趣味性的内容，而比较单调乏味和枯燥的体育手段应不用或少用。

学校体育是培养学生终身体育意识和终身体育行为的导向教育，要使学生走出校门后能较快地与社会体育融为一体，要尽可能选择那些普及性强、便于开展、易于坚持的体育项目，这样学生带着从学校养成的体育习惯和技能走向社会，也会在可能的条件下付诸实践，使其成为生活的一部分。各水平层级体育教学内容的有机衔接，仅就我国目前的九年义务教育来说，绝大部分学生至少要学完水平四，才算初步掌握了体育的基本技能和知识。

思考题：

1. 制定体育教学目标应考虑哪几个因素？请阐述你的理由。
2. 目前义务教育体育课程领域目标是怎样划分的？特点如何？

第六章　体育与健康校本课程的编制与实施

第一节　体育与健康校本课程的编制

对于校本课程的出现在国际上有三种看法：第一种看法认为，校本课程的历史几乎和学校教育的历史一样悠久，在古代时期学校的课程在较大范围内和一定程度上是由学校自己决定的，那时在课程中占主导地位的是校本课程；第二种看法认为校本课程的思想源自于20世纪70年代西方发达国家，认为校本课程实质上是一个以学校为基地进行课程开发的民主决策的过程，即校长、教师、课程专家、学生以及家长和社区人士共同参与学校课程计划的制订、实施和评价活动。第三种观点认为，校本课程真正出现在1973年爱尔兰阿尔斯特丹大学召开的“校本课程开发”国际研讨会上，并提出“校本课程，顾名思义就是在国家课程和地方课程的基础上，以学校为基地，以学生发展为目的，有校长、教师、其他工作人员、课程专家、学生、家长及社区人士共同参与开发的过程”。

校本课程即以学校为本位、由学校自己确定的课程，它与国家课程、地方课程相对应，是在保证国家课程和地方课程的前提下，通过对本校学生的需求进行科学的评估，充分利用社区和学校课程资源而开发的多样性的、可供选择的课程，校本课程是以学校为基础开发的课程，也称“学校本位课程”或“学校自编课程”，其含义有三层：一是就课程开发者而言，应该包括学校中的领导、行政人员、全体教师、课程专家、学生、家长及社会人士或者是学校与其他机构的合作；二是就涉及的课程范围而言，校本课程即可设计部分课程（即学校中的部分课程遵照中央制定的，另一部分自行设计），也可涉及学校的全部课程；三是就开发程度而言，出现了新编（全新开发）课程，学校或教师选择、改编的课程，也属校本课程。简洁地说，校本课程就是由学生所在的学校教师编制、实施和评价的课程，具体地说，校本课程就是某一类学校或某一级学校的个别教师、部分教师或全体教师，根据国家制定的教育目的，在分析本校外部环境和本校内部环境的基础上，针对本校、本年级或本班级特定的学生群体，编制、实施和评价的课程。①

20 世纪 70 年代在英国、美国等发达国家，校本课程开始受到广泛重视。开发校本课程，其意义不仅在于改变自上而下的长周期课程开发模式，使课程迅速适应社会、经济发展的需要，更重要的是建立一种以学校教育的直接实施者（教师）和受教育者（学生）为本位、为主体的课程开发决策机制，使课程具有多层次满足社会发展和学生需求的能力。

校本课程主要分为两类：一是使国家课程和地方课程校本化、个性化，即学校和教师通过选择、改编、整合、补充、拓展等方式，对国家课程和地方课程进行再加工、再创造，使之更符合学生、学校的特点和需要；二是学校设计开发新的课程，即学校在对本校学生的需求进行科学的评估，并充分考虑当地社区和学校课程资源的基础上，以学校和教师为主体，开发旨在发展学生个性特长的、多样的、可供学生选择的课程。

体育与健康校本课程是以学校体育教师为主体，在具体实施国家体育与健康课程标准和地方《体育与健康课程实施方案》的过程中，通过对本校学生体育需求进行科学评估，在充分利用社区和学校体育资源的基础上，所设计的以促进学生健康为主要目的的方案。

体育健康课程改革要求体育工作者应结合学校体育的特点和学生与社会需要编制科学的、有效的、可行的校本体育与健康课程。课程编制过程不只是某一阶段的体育与健康课程教育目标的制定过程，而是根据一定教育目的，确定体育与健康课程目标、设置、组织和实施具体方案，并根据对体育与健康课程的评价，进一步改进体育与健康课程的建设水平。课程编制不同于课程设计，一般来说，课程设计是指选择什么样的教学内容及如何组织教学内容，课程编制除包含选择和组织体育教学内容外，还包括对教学内容体系构建、实施和评价。

课程编制过程是将预期的课程目标转化为预期的课程过程，它起着转变、过渡和衔接的作用。如果说课程目标是“灵魂”，那么预期的课程就是“躯体”。而课程的编制过程则是将“灵魂”附于“躯体”的中间环节。

① 陈时见．课程与教学理论和课程与教学改革［M］．广西：广西师范大学出版社，1999：181-194.

一、体育与健康课程编制的过程

课程编制是一个复杂而系统的工作，具体包括课程目标的制定、课程内容的选择、课程的实施和对课程的评价等主要环节。课程目标的制定既是课程编制的起点，也是课程编制的终点；既是课程内容选择、编排和具体教育活动组织的依据，也是进行课程评价的标准，是课程的“指南针”和“方向盘”。

(一)课程规划阶段

体育与健康课程规划就是体育健康课程工作者根据学校教育和体育目标制定体育健康课程目标、设计体育健康课程方案、制定体育健康课程标准和编写体育健康教材的过程。

首先，体育与健康课程编制者要认真学习和研究我国的学校体育目标和各级各类学校的培养目标，据此制订体育与健康课程计划。体育与健康课程计划主要包括体育与健康课程编制的指导思想、课程目标、课程设置及说明、课时安排、课程开设顺序和时间分配、评价制度和实施要求几部分构成。

其次，制定体育与健康课程标准是体育与健康课程规划阶段的重要工作，是体育与健康课程的总体规划。体育与健康课程标准是体育教师教学指南，也是编写校本教材、测量和评价的重要依据。

最后，编写体育与健康校本教材。体育与健康校本教材是使学生掌握和提高体育与健康知识、技能、心理及社会适应能力等所必需的事实、现象和素材，是学生发展的媒介。

(二)课程实施阶段

体育与健康课程规划阶段包括体育与健康课程标准、体育与健康课程计划、体育与健康教材，是预期或理想的体育与健康课程。只有通过体育与健康课程的实施才能转变成现实的课程，才能促进学生的发展。在体育与健康课程实施过程中，体育教师和学生是最重要的角色。另外还必须考虑的因素有：安排课程表，明确体育课程内各教学内容的开设顺序和时间分配；确定并分析教学任务；研究所教学生的学习活动和个性特征；选择并确定与学生学习风格相适应的教学模式；对具体的教学单元和课的类型进行规划；组织并开展相应的教学活动；评价教学活动的过程和结果，为改进下一轮的体育课程实施提供反馈信息等。

(三)课程评价阶段

体育与健康课程评价是对体育健康课程规划和体育健康课程实施活动以及整个教学过程所进行的评价活动，以期对已有体育健康课程进行反馈，为体育健康课程编制、修正和完善提供事实依据。

体育课程评价的根本目的在于确立一种行为机制，改革体育课程的结构和教学方法，完善体育课程的内容，促使学生经常参加体育锻炼，增进学生健康的同时，学习和掌握体育锻炼的方法，养成体育锻炼的习惯和终身锻炼的意识。

体育与健康课程评价的内容包括对学生的体育学习评价、对体育教师的教学评价和对体育课程建设评价。

1. 学生的体育学习评价

学生的体育学习评价内容主要包括体能与运动技能、认知、学习态度与行为、交往与合作精神、情意表现等评价。评价方式主要包括学生自评、互评和教师评定等。学习评价的重点是通过对于教学过程相关的态度、行为、体育与健康知识的理解及运动技术的运用和运动参与程度的评价，既评价最终成绩，又评价学习过程和进步幅度。在评价中应淡化甄别和选拔功能，强化激励和发展功能，不能只注重最后成绩，应把学生的进步幅度纳入评价内容中。对学生及学习成绩的评定应采用绝对性与相对性标准相结合的方法。

2. 体育教师的教学评价

运用适当的评价理论和方法对体育教师的教学活动和结果进行评价，是提高体育教学质量的重要手段。教师的教学评价内容主要包括体育教师业务素养(专业素质、教学能力、科研能力、教学工作量)和课堂教学两个方面。体育教师的教学能力是评价的重点，包括对教学内容的领会和掌握，对现代教育教学理论和教学方法的掌握及运用，从事体育教学必需的基本技能，激发学生运动兴趣、促进学生养成体育锻炼习惯的能力，运用计算机和多媒体辅助教学以及开发与应用课程资源的能力等。可通过教师自评、学生评价、同行专家评议等多种方式进行。

3. 体育课程建设评价

体育课程建设评价是依据学校教育的总目标和体育课程的任务，对国家、地方和学校三级课程进行的评价。评价的目的是对体育课程的执行情况进行分析评估，发现体育课程设计和实施中存在的问题和不足，从而及时调整课程内容，改进教学和教学管理，促进课程设计的不断完善。体育课程建设评价的内容主要包括体育课程结构体系、课程内容、教材建设、课程管理、师资配备与培训、体育经费、场馆设施以及课程目标的达成程度等，采用多元综合评价的方式进行。在评价过程中，应重视学生的学习效果和反应，重视社会有关方面的评价意见。

另外，在整个体育课程评价过程中应该注意以下几点：

(1)加强体育课程研究者、决策者与教师之间的联系，充分发挥学生的主体作用和教师的主导作用。体育课程评价的实施最终要落实到施教和受教的主体——教师和学生身上，就应该在课程评价的各个环节上都应有教师和学生的广泛参与。

(2)采用持续性多次考核办法。即对某单项成绩进行过程性和主体性评价后，允许学生在自练的基础上多次参加该项目的补测(比如每学期三次或三次以上)，取最佳成绩参与评价期末成绩。这可以有效地避免学生成绩的偶然性。

(3)制定客观、公正、合理且易于操作的进步幅度评价标准。进步幅度能客观地衡量学生的努力程度与学习态度，强化评价的激励发展功能。先设定测定进步分的项目，在学期初测定学生该项目的成绩。

二、体育与健康课程编制的基本原则

(一)目标一致性原则

校本课程的编制要依据国家的教育方针、政策、培养目标和国家、地方的课程计划，积极编制实施校本课程，并对国家、地方课程过于强调统一性、缺乏灵活性的现状进行弥补。校本课程的编制是国家课程、地方课程的延伸和发展。校本课程的编制要体现学校的办学宗旨，是指以校长为领导，教师为主力，课程专家为指导，包括家长和社区人士共同参与，在国家课程和地方课程的基础上，以学校为基地，以学生发展为目标的课程编制工作。

(二)通力协作原则

学校应建立校长、教师、学生、家长及社区人员共同参与校本课程编制管理的组织机构。由校长担任校本课程编制领导小组的组长，主要负责校本课程的编制与管理工作，并协调各方面关系，使学校形成民主和谐合作的人际关系。同时要成立学校课程审议委员会，委员会一般由校长、教师代表、学生及家长代表和社区相关人士等人员构成。

课程审议委员会主要职能是审议学校课程编制过程中的重大决策，负责制订《校本课程编制方案》以及相配套的各项制度，检查与指导《校本课程编制方案》的执行情况。校长是学校课程的主要决定者和责任人，应严格执行课程计划和课程标准，监督和评估课程实施过程，发布学校课程信息。教导处具体负责编制课程表，组织实施各门课程，检查与评估各门课程及教研组的职责，协调各教研组与年级组工作。教研组根据学校总体安排，制订好学年及学期教学进度计划、教学研究活动计划和学生活动计划，反映课程实施过程出现的问题及教师的教学需求，为课程管理决策提供依据。这样能凝聚学校成员，形成一个具有创新理念的合作团体。

(三)学科性原则

随着社会的发展，科学技术的进步，人们开始从科学的角度研究人体的组成以及它们相互之间的关系，用生物学、医学等方法研究人体的细胞、肌肉、骨骼等组织和结构，用心理学的方法研究人的心理变化规律，再通过实验的方法来研究运动对人的生理和心理的影响，利用高科技等技术使人的动作最佳化。因此，体育与健康课程已经成为含有生命科学、自然科学、社会科学等方面内容的综合性课程。

技术促进并改变体育主要表现在：科学转化为技术用于体育领域，大大提高了运动的外部环境质量；现代通信技术的运用，使体育信息在最短时间内广泛传播；科学技术的应用，使体育运动竞技更加合理化，锻炼更加科学化使竞技体育的水平不断提高，大众体育不断发展壮大。因此，在体育课程的编制过程中应该考虑学科本身的发展趋势，让学生了解学科的发展动向，使体育课程编制更可靠、更科学。

（四）学生主体原则

校本课程编制的起始点是学生的兴趣和个性需求，因此，校本课程编制必须对学生的需求进行合理的评估。由于校本课程编制要考虑学生的年龄特点，在不同年级当中，学生的兴趣、爱好、需求不同，具有不确定性和广泛性，所以，在学生当中广泛地对学生进行摸底和了解。采取"从学生中来，到学生中去"的民主决策方式。学校要根据学生的兴趣、年龄特点，尽量满足学生的愿望，真正体现校本课程的多样性和可选性。校本课程应该适应不同地区不同阶段不同学生的不同发展需要，贴近学生生活，符合学生兴趣，适应学生年龄特点。激发学生的自主性、独立性、责任心和创造性，课程最终应由学生自主选择，学校合理分类、科学管理。这样才能满足学生的需求，符合教师的实际，体现学校的特色。

（五）资源性原则

校本课程的编制有必要对当地的可用的学校资源进行认真分析，要考虑教师的特长、学校的设备和地区的地理环境特点等。

校本课程编制的主体是教师，但并不是什么样的教师都具有校本课程编制能力的。教师本身必须具备相应的课程编制方向的专业知识和技能，具备一定的特长，同时开发课程的教师必须适当考虑到工作量，以便把更多精力集中到校本课程编制中来。校本课程的编制是以学校为基地，在编制校本课程时，要考虑学校的设施、器材、场地。利用好学校的课程资源，以学校现有设施、器材、场地编制校本课程，提高学校现有设备的利用率。

校本课程的编制要考虑地区的特点，充分利用好当地的课程资源，发挥最大作用。我国幅员辽阔，各地经济发展不平衡，单纯的照搬、照抄的课程肯定不行，不能千篇一律、千人一面。不同地区特点、地理环境编制的校本课程不能一样。

（六）体系化原则

校本课程编制不是一个零敲碎打的过程，而是一个有计划的系列编制活动，需要有一个长远而具体的规划，这样不仅可以使编制出来的课程能构成一个整体，而且也是教师和家长们能明确学校的整体编制目标和具体的工作任务，使他们有一种参与校本课程编制的内在动力。同时编制的校本课程要符合学生的年龄特点，应一环扣一环，呈螺旋式上升，这样有利于学生获得比较完整的知识。

总之，校本课程的编制质量将直接影响课程改革的成败。学校在进行校本课程编制时，要注意合理编制、科学实施，切实把校本课程作为培养学生个性特长的重要凭借和主阵地，满足学生的不同需求，促进教师专业的发展，办出学校个性，办出学校特色。

第二节　课程实施

一、课程实施的概念

课程实施是作为一个动态的过程而存在，是把一项课程改革付诸实践的过程，是将编制好的课程计划付诸实践的过程，是实现预期的课程理想，达到预期的课程目的，实现预期教育结果的手段。实施的焦点是实践中发生改革的程度和影响改革程度的那些因素。课程实施强调在一个连续的、动态的实施过程中，将学校、教师、学生作为改革的主体，赋予其更多的自主权来实施变革，没有课堂教学层面的改革，就不可能有真正的新课程实施。

体育与健康课程实施是根据体育课程标准所确定的课程性质、目标、内容框架和所指导的教学原则、评价建议等，参照所选用教科书的体系结构、内容材料，呈现方式等，结合体育教师自身的教学素养、经验、风格，从学生学习水平、志趣、习惯性及教学的设备、资源、环境等条件出发，有目的、有计划、有组织地显现体育课程本质、体现体育课程价值、实现体育课程目标的综合过程。

二、课程实施的基本环节

在实施课程标准的过程中，各地、各校应依据课程标准的要求分别制订地方《体育与健康课程实施方案》和《学校体育与健康课程实施计划》。教师应根据教学实际情况合理设计并有效地实施，提高教学质量。

(一)科学组织与实施教学环节

体育与健康课程的教学质量和效果主要体现在学生对体育与健康知识的掌握、运动技能的习得、体能的增强和学习行为的变化等方面。为此，教师要认真研究学习目标、教学内容、教学方法、学习评价等问题，保证教学的有效实施，不断提高教学质量。

1. 合理设置符合客观实际的学习目标

根据体育与健康课程标准制定课程目标体系。教师应结合客观实际，本着有计划、可操作的基本原则。制定出包括水平目标、学年目标、学期目标、单元目标、课时目标等完整的学习目标体系。经过师生共同努力激发学生学习动机和愿望，努力实现学习目标。体育教师在具体的体育课堂教学中体现学习目标多元特征的同时，有机整合，各有侧重，充分体现体育与健康课程的多种功能和价值。

(1)在目标多元的基础上有所侧重。体育与健康课程的学习目标应充分体现知识与技能、过程与方法、情感态度与价值观三维目标的思想，强调运动参与、运动技能、身体健康、心理健康与社会适应四个方面目标的有机整合，充分体现体育与健康课程的多种功能和价值。体育与健康课堂教学在体现学习目标多元特征的同时，还应注意有所侧重。

(2)细化课程标准提出的课程目标。教师应结合实际，将课程目标具体化，提高目标的可操作性，有计划、有步骤地促进学习目标的达成。学习目标是由水平目标、学年目标、学期目标、单元目标、课时目标组成的完整体系。教师应根据课程标准的总要求制订各层次的具体学习目标。具体学习目标一般包括“条件”(在什么情境中)、“行为”(做什么和怎么做)和“标准”(做到什么程度)三个部分。为了更好地表示目标的层次性，在制定学习目标时应使用体现不同层次意义的行为动词。

(3)目标难度适宜。教师应根据学生的体能、运动技能等实际情况，设置能激发学生学习动机和愿望，经过师生共同努力达成的学习目标。

2. 选择和设计教学内容

科学选择和设计教学内容是有效地解决“如何教”、“如何学”问题的关键。只有采取相应的策略，才能完成预期的教学目标。

(1)体现“目标引领内容”的思想，教学内容的选择要有利于目标的实现。

课程目标是课程改革的出发点和归宿，它制约着课程内容的选择，而所选择的内容又是为实现课程目标服务的。所以内容的选择要有利于学生实现水平目标，最终实现课程目标。

(2)体现“以生为本”思想，教学内容的选择要符合学生身心发展特点。

在不同的水平阶段，学生的身心特点决定了他们对体育活动有着不同的需求。教学内容的选择和设计要充分考虑不同学段学生的体育学习基础、身体特征、体能发展敏感期和心理发展特点等，提高教学内容的针对性与兴趣。学生只有对所学的内容产生兴趣，才能全身心地投入练习，对运动的爱好和自主锻炼的习惯才能逐渐形成。

(3)体现“因地制宜”思想，教学内容的选择要适合教学实际条件。

教学内容的选择和设计要充分考虑场地设施条件、季节、气候和安全等具体情况，因时制宜、因地制宜地进行体育教学。同时，要充分利用雨雪等天气的上课时间，对学生进行体育与健康知识的教学。

(4)体现“理论渗透”思想，教学内容的选择要蕴涵健康教育。

健康教育的内容要按照教材的逻辑系统和学生身心发展规律的顺序进行，使学生循序渐进地系统掌握健康教育的基本知识、技能、促进健康意识与习惯的形成。注重体育课中的理论渗透，积极采取案例教学，避免平铺直叙的说教，应区分主次、难易、条理清楚、层次分明、重点突出，有效促进学生健康知识的掌握。

3. 选择与运用教学方法

在体育与健康课堂教学中，教学方法要根据学习目标、教学内容、学生实际、体育与健康课程资源等方面进行选择与合理运用。

(1)应有利于促进学生体育与健康的知识与技能、过程与方法、情感态度与价值观的整体发展，充分发挥体育促进学生全面发展的重要作用。

(2)应针对不同水平学生的身心发展特点，遵循不同内容的教学规律与要求，进行更有针对性和实效性的教法与学法创新，调动学生体育与健康学习的积极性。

(3)应创设民主、和谐的体育与健康教学情境，有效运用自主学习、合作学习、探究学习与传授式教学等方法，引导学生在体育活动中，通过体验、思考、探索、交流等方式获得体育与健康的基础知识、基本技能和方法，培养应对问题、自我锻炼、交往合作等能力，开展富有个性的学习，不断丰富体育活动经验，学会体育学习和锻炼。

(4)应在运动技能教学的同时，安排一定的时间，选择简便、有效的练习内容，采用多种多样的方法，发展学生的体能。

(5)应高度重视学生之间的个体差异，在体育与健康教学中做到区别对待、因材施教，特别要关注体育基础较差的学生，有针对性地采用相应的教学方法，提高他们的自尊和自信，促进每一位学生更好地发展。

4. 选择和利用体育学习评价方法

体育学习评价是促进学生达成学习目标的重要手段。倡导体育学习评价以多元的内容、多样的方法、多元的评价标准和评价主体，构成科学的体育学习评价体系，多方面收集评价信息，准确反映学生的学习情况，充分发挥评价的诊断、反馈、激励与发展功能，更有效地挖掘每一位学生的体育学习潜力和调动他们的体育学习积极性，促进学生更好地“学”和教师更好地“教”。

(二)选择和利用体育学习评价方法

1. 明确体育与健康学习评价目标

课程标准非常重视每一位学生的全面发展，强调通过体育与健康学习评价有效促进学生的不断发展。因此，教师在确定体育与健康学习评价的目标时，应关注以下几个方面。

(1)了解学生的体育与健康学习和发展情况以及达到学习目标的程度，为制订下一步的教学计划做好准备。

(2)判断学生在体育与健康学习过程中存在的不足及其原因，以便改进教学。

(3)发现学生的体育与健康学习潜能，为学生提供展示自己能力、水平和个性的机会，鼓励和促进学生进步与发展。

(4)培养与提高学生自我认识、自我教育、自我发展的能力。

2. 合理选择体育与健康学习评价内容

(1)体能。主要根据教学的实际情况以及《国家学生体质健康标准》，确定体能测试的指标，评价学生的体能水平。

(2)知识与技能。主要根据本标准的学习目标与要求以及教学的实际情况，选择相应的体育与健康知识、技能评价指标，评价学生掌握体育与健康知识和技能的程度以及对所学知识和技能的应用能力等。

(3)态度与参与。主要根据学生体育与健康课的出勤率、课堂表现、学习兴趣、积极主动地探究问题以及课外运用所学知识和技能参与体育与健康活动的行为表现等进行评价。

(4)情意与合作。主要根据学生在体育学习和锻炼中的情感表现、意志品质、人际交往与合作行为等进行评价。各地、各校可根据教学的实际情况和学生的学习需求，自行确定各水平学生不同体育与健康学习评价内容的权重分配。

3. 采用多样的体育与健康学习评价方法

课程标准强调各校根据学习目标的基本要求，结合校本的体育与健康教学实际，运用多样的评价方法，全面、综合地评价学生的体育与健康学习。学习评价既要注意评价的科学、公正、准确，保证评价结果的可信度和有效性，又要注意评价的简便、实用和可操作性，制定出适合本校实际的体育与健康学习评价标准。通过学习评价，调动学生学习的主动性和教师教学的积极性，充分发挥评价的育人功能。

(1)定性评价与定量评价相结合。对体能、知识与技能指标应主要采用定量评价的方法(如等级制评价、分数评价等)，对态度与参与、情意与合作指标应主要采用定性评价的方法(如评语式评价等)。对水平一的学生应主要采用评语式评价；对水平二和水平三的学生可以采用评语和等级制评价相结合的方式；对水平四的学生以等级制评价为主，结合评语式评价进行综合评价等。

(2)形成性评价与终结性评价相结合。在体育与健康教学中，教师应注意观察与记录学生的行为表现，用口头评价的方式，及时向学生反馈评价信息，帮助学生了解自己的学习情况并改进学习方法，不断提高学习能力。在对学生学期或学年的学习成绩进行评价时，教师应综合学生在体能、知识与技能、态度与参与、情意与合作方面的学习情况和发展变化，以及期末测试成绩，进行终结性评价，给出综合成绩，写出评语，将评价结果反馈给学生并放入学生的“成长记录袋”中。最后，对学生的体育与健康学习成绩进行班级汇总，上交给学校教务处。

(3)相对性评价与绝对性评价相结合。本标准非常重视学生的个体差异和进步幅度，建议教师将每学期结束时的测试结果、学生在该学期体育与健康学习各方面的进步幅度(即进步成绩=期末成绩-期初成绩)以及教师的课堂教学记录结合起来，对相应的评价指标(如体能、知识与技能指标等)进行综合评价，使每一位学生都能感受到通过努力获得进步所带来的成功体验，有效地提高每一位学生的自尊和自信。

4. 发挥多方面评价主体的作用

为了更好地发挥学习评价的作用，既要采用教师评价，也要关注学生的自我评价和相互评价，并努力发挥其他与学生体育与健康学习有关人员的评价作用。

(1)教师评价。

教师在体育与健康学习评价中起主导作用。教师的评价应具有很强的权威性，必须尽力做到全面和准确。教师要用发展的眼光来评价学生，以表扬和激励为主，并提供尽可能多的具体反馈以及改进与提高的建议。

(2)学生评价。

教师应充分调动学生参与体育与健康学习评价的主动性和积极性。学生评价的方式有自评、互评和小组内评价等。教师应加强对学生评价的指导，提高学生正确评价自己和他人的能力。

(3)其他人员评价。

学生的体育与健康学习需要得到各方面人士的支持和鼓励。建议让班主任乃至家长等参与到学生体育与健康学习评价中来，上述人员的评价可以作为对学生评价的参考。

5. 合理运用体育与健康的学习评价结果

教师应及时将评价结果反馈给学生，与学生一起判断体育与健康课程学习目标的达成程度，分析体育与健康课程学习的进步与不足，帮助学生改进体育与健康学习，不断取得进步，增强自尊与自信，提高体育与健康课程学习兴趣，养成良好的锻炼习惯和生活方式。教师应正确处理体育与健康课程学习评价与《国家学生体质健康标准》测试和“体育中考”等的关系，避免出现大量的“应试课”冲击和替代正常教学课的现象，以免影响体育与健康教学质量。

(三)校本教材编写

体育与健康课程的教材分为教科书、教师教学参考书和挂图、卡片、图片、音像资料等。教材具有帮助学生预习、学习和复习体育与健康课程的教学内容，指导学生进行科学的体育锻炼，帮助教师制订教学计划、规范教学等重要作用。课程标准是教材编写的重要依据。

水平一至水平四均要编写体育与健康教师教学参考书；水平一至水平三不编写教科书，水平四可编写一册教科书。根据课程标准对健康教育教学的要求，相应健康教育的内容可编写在教师教学参考书或教科书(水平四)中。高中体育与健康课程教科书的编写应充分体现体育与健康课程标准的精神，根据课程目标和内容标准构建与初中教科书相衔接的、富有特色的教科书体系。高中教科书还应有利于学生主动地学习和教师创造性地教学。

1. 校本教材编写的基本要求

(1)教育性。

校本教材编写要贯彻国家的教育方针，体现素质教育的精神和健康第一的指导思想。校本教材应有利于学生形成科学的体育与健康价值观，有利于改善学生的体育态度，有利于培养学生的坚强意志品质、团队精神和社会责任感，有利于学生形成健康的意识和生活方式，有利于对学生进行集体主义、爱国主义和社会主义的教育。

(2)科学性。

校本教材编写要有利于学生掌握正确的体育与健康知识和技能。校本教材的体系既要完整和严谨，又要新颖和富有特色；既要注意运动技能形成的规律，又要关注学生的认知特点和兴趣爱好；校本教材的内容、文字表述、数据等要正确无误，插图力求准确。

(3)实用性。

校本教材编写应精选与学生身心健康紧密相关的、对学生终身学习具有重要影响的体育与健康知识、技能和方法以及科学锻炼的方法，强调体能与运动技能的健康价值，引导学生主动将所学的知识、技能和方法运用于体育学习和锻炼中，使校本教材的内容与实践课教学相互联系、互为补充，共同促进学生实现体育与健康课程目标，提高学生的体育与健康素养。

(4)可读性。

校本教材编写应符合学生的心理特点，充分考虑学生的可接受性，关注学生的兴趣，内容新颖有趣、图文并茂，吸引学生主动阅读和学习，使校本教材成为学生理解体育文化、健康知识和进行体育锻炼的良师益友。

(5)发展性。

校本教材编写要充分考虑社会发展和学生发展的要求，针对学生的求知欲望和探究精神，注意选取对学生健康成长具有长远影响的内容，引导学生建构体育与健康的知识、技能和方法，帮助学生学会体育与健康学习，逐步形成体育锻炼的习惯、终身体育的意识和健康的生活方式。

(6)差异性。

校本教材编写在贯彻本标准精神的基础上，要充分考虑到各地经济、文化、教育等发展的差异以及地理环境特点，体现独特的思路，形成鲜明的特色。同时，还应满足使用校本教材地区学生的体育学习和锻炼需求。

2. 校本教材内容的选择和组织

(1)依据体育与健康课程标准选择和组织校本教材内容。精选符合时代要求的、与学生身心健康紧密相关的、有利于学生形成终身体育和健康意识的内容。校本教材内容的选择应符合体育与健康课程标准中水平一至水平五的各层次具体目标与内容标准。

(2)校本教材内容的选择要体现多样性。校本教材内容既要包括运动项目的有关知识，又要包括健康教育的有关内容。运动项目的知识既要包括竞技性运动项日的知识，又要包括民族民间体育类项目(对武术的内容要着重介绍)和新兴运动类项目的知识，同时还应适当介绍奥运会等体育文化方面的知识。

(3)校本教材内容的组织应符合学生身心发展规律、运动技能形成规律和体育与健康知识学习的认知特点。在编写校本教材时需要对运动参与、运动技能、身体健康、心理健康和社会适应等方面的具体目标和内容进行整合，建立有利于学生学习的完整、合理、新颖的内容体系；要科学地组织教学内容，构建全面体现这些方面具体目标要求的、符合学生的爱好和认知规律的、有利于学生提高身体体质、形成运动爱好和专长以及获取健康知识和方法的校本教材体系。

3. 校本教材的呈现形式

(1)校本教材的版式设计要美观，图文并茂，体例要生动活泼，符合学生的认知规律，有利于激发学生阅读体育与健康校本教材的兴趣，有利于学生自主学习。教师也可以用一定的学时讲授有关知识和技能。

(2)校本教材要改变以往过于概念化的叙述形式，给学生留有思考和探究的空间，引导学生通过观察和实践，自己去发现问题和解决问题，获得知识和结论，使学生在学习方式上有所突破，学会学习和锻炼。

(3)校本教材内容的表述要适合学生的心理特征，既科学严谨，又生动活泼，有利于学生阅读和思考。

(四)课程资源开发与利用

体育与健康课程资源是不断提高体育与健康教学质量，开发体育与健康的校本课程，形成各地、各校体育与健康课程特色的重要前提和条件。各级、各类学校，尤其是农村学校应当充分开发与利用体育与健康课程资源，确保体育与健康课程正常、有效地实施。

三、体育与健康课程实施的特点

从体育与健康课程实施与课程评价的关系来看，课程实施过程可为课程评价提供内容，体育与健康课程评价要考察体育与健康课程实施的可能性、有效性及教育价值等，而这些都要通过体育与健康课程实施阶段才能获得；同时评价又可为课程实施提供反馈信息以便及时对各种课程要素进行调整。

从课程实施内部看，课程实施是教师根据实际情况对体育课程目标、内容和方法进行调适的过程，包括体育与健康课程采用、调适、应用、反馈等环节。采用不等于实施的完成，调适代表一种努力，应用的方案才是实际运作的课程方案，反馈使方案得到完善。

整个课程实施过程有着许多不可预期性和不确定性，这与影响体育与健康课程实施因素的复杂程度是紧密联系的。例如，体育与健康课程实施价值取向、体育教师的支持程度及素质基础、教育行政部门的保障、新课程方案与原有观念、方法、组织评价的冲突，以及课程实施给教师和学生带来的利益等，都会使体育与健康课程实施产生许多复杂性。

体育与健康课程实施就是在众多复杂性中求得平衡，系统考虑影响体育与健康课实施的现实因素，最大限度地发挥每一个因素的功能，以期产生最大功效，或利用复杂性创造性地发挥。

在操作上，体育与健康课程实施是一种采纳、调适和应用的再创造过程。由于对复杂性把握、利用程度不同，出现不同程度水平的体育与健康课程实施。体育教师发展越充分，按照实施的具体情境进行调适的可能性越大，体育课程实施水平就越高。再创造，包括对体育课程具体目标的确定、内容的选择、增删，对体育课程时间的微调、教学行为的变革等。

在效果上，体育与健康课程实施是课程理想的落实、改革的过程。调节和影响课程实施诸因素，平衡课程理想与实施情境的系列关系，创造体育与健康课程教学的新内涵。体育课程的再创造主要是从“教学法”或从“学科”的角度切入，而不是从“课程”入手。在这个过程中需要激发体育教师的内在动机，使他们理解变革的目的或意图、实质、真正的和潜在的利益，并能在实施中获得良好的感觉，真正参与到实施的过程中，主动改变落后的体育教学文化，创造新文化。

四、课程实施中的管理

体育与健康课程在教学内容、教学方法、教学组织形式和教学评价等方面给学校留有充分选择的空间和余地，这有助于体育教师根据学校和学生的实际情况有特色、创造性地进行教学工作，有助于提高体育教师的教学艺术和教学水平。同时，使体育教师面临许多新问题和困难，如教学计划的制订、教学内容的选择以及场地器材的安排等问题，因此，各校应根据体育与健康课程标准的精神以及学校和学生的实际情况，研究新问题，制定新策略，充分保护和发挥体育教师的积极性和创造性，加强对体育与健康课程的教学管理，以保证教学活动质量。

第一，建立以校为本的教学研究制度。

体育与健康课程要求教师角色要由“教书匠”转变为“研究者”，体育教师必须学会反思、创新，成为实践的研究者。体育与健康课程完全是一个开放性的探索过程，任何一所学校都要对本校情况进行有针对性的研究，即从体育与健康教育教学实践中的问题出发，通过体育教师共同研究，达到解决问题、提高质量的目的。体育教师应当承担起探索、创新的基本职责，有所作为，努力办出特色，以校为本进行教学研究。即“在学校中，通过学校，为了学校”并真正成为学校体育与健康课程教学改革发展的永恒动力。通过教学研究制度逐渐完善，形成体育与健康课程教学改革和体育教师专业化发展的最有力的内在机制。

第二，建立民主科学的教学管理机制。

教学管理是指对影响教学效果的诸多因素组织、规划、协调和控制的过程，其目的在于处理好教学活动中的各种关系，以提高教学质量。就一个学校而言，宏观的教学管理主要指学校教学管理，微观的教学管理则主要指课堂教学管理。

学校教学管理任务是：(1)根据学校与健康课程实施方案科学地组织教学过程检查教学的执行情况与教学质量。(2)制定和实施各种有关体育与健康课程教学的规章和制度。(3)建立和健全教学指挥系统，充分发挥教务处、教学研究室组等各级组织的作用。(4)正确处理师生关系，发挥教与学双方的积极性。(5)以课程标准、教学计划、学生实际为依据，帮助教师采用合理的、恰当的教学方法，科学地利用教具和教学设备，以达到最佳的教学效果。

课堂教学管理是指为了保证达到预期的教学目标，教师在教学活动中对教学的全过程进行积极主动的计划、检查、评价、反馈、控制和调节教学策略或措施，其管理的效果将直接影响教学的最终效果。它主要涉及课堂秩序管理、个别学生管理以及课堂指导策略等。

第三，建立旨在促进教师专业成长的考评制度。

对教师工作的考查、考核、评价、评定是学校管理的日常性工作，它对教师的观念和行为具有最为直接的导向、激励、控制作用。我们必须基于对传统考评制度的深刻反思，重建一种能够真正促进教师专业成长的考评制度。首先，在考评内容和标准的制定上，要体现新课程的精神，反映教师创造性劳动的性质和角色转换的要求以及教学改革的方向。要把教师的教学研究、教改实验、创造性教学和校本课程开发以及师生关系引入考评的内容。其次，在考评的组织实施上，要杜绝一切形式主义，努力使考评过程成为引导教师学会反思、学会自我总结的过程，从而进一步提高认识，更新观念。最后，在考评结果的使用上，要防止片面化和绝对化，杜绝分数主义，要从教师专业成长的全过程来看待每次考评的成果，为教师建立成长档案袋，帮助教师全面了解自己，明确自己所处的成长阶段和进一步努力的方向。

思考题：

1. 体育与健康课程编制的过程分为哪几个阶段？
2. 体育与健康课程的实施有哪些基本环节？
3. 编写体育与健康校本课程应注意哪些方面？

第七章　体育与健康校本课程的资源开发与利用

第一节　体育与健康校本课程开发概述

体育与健康校本课程开发是指以学校体育教师为主体，在国家体育与健康课程标准和地方体育与健康课程实施方案的指导下，依据学校自身的性质、特点、条件以及可利用和开发的体育资源，为满足学生的体育需求和促进学生健康发展而展开的一系列活动。校本课程开发包括两大范围：一是国定课程、地定课程校本化、个性化的改造与实施，即学校体育教师通过选择、改编、整合、补充、拓展等方式对国定课程、地定课程进行再加工、再创造，使之更符合学生、学校和社会实际需求；二是学校设计开发的新课程，即在具体实施国家体育课程、地方体育课程的过程中，在充分考虑当地社区和学校体育与健康课程资源的基础上，以学校和体育教师为主体创编的适合本校学生实际的课程。

一、体育与健康校本课程开发的依据

（一）三级课程管理是体育与健康校本课程开发的政策性依据

《基础教育课程改革纲要》明确指出，“为保障和促进课程对不同地区、学校、学生的要求，实行国家、地方和学校三级课程管理”。①这为体育校本课程开发提供了法律性保证。体育与健康课程标准改变了传统《体育教学大纲》统得过死的局面，以目标统领内容，至

① 参见《教育部关于印发〈基础教育课程改革纲要（试行）〉的通知》教基［2001］17号。

于具体采用什么内容、什么方式和步骤去实现这些目标，各地、各校有充分的开发空间，使体育校本课程开发成为可能。在三级课程管理体系中，地方一级的课程管理承担着重大的责任，因此，各地在体育与健康课程标准的指导下，制订适合地方特点的体育与健康课程实施方案，有效指导校本课程开发，构建完善的三级课程管理体系。

(二)体育学科的特点是体育与健康校本课程开发的多元化依据

体育课程自身的特殊性，使其在进行校本课程开发时具有较大的空间。体育课程内容具有“一项多能，多项一能”的特点，达到课程目标不受特定教材的限制，在学科内容排列方式上存在逻辑关系和并列关系。一些内容间并未表现出很强的逻辑关系。学习中可以对规则、器材、动作进行改造，使之变得容易，也可以选择具有民族、地域特点的本土化体育活动，以达到课程目标为前提，课程内容的选择可不受课程标准的限制。因此，课程内容的选择具有较大的灵活性和功能的可代替性。

二、体育与健康校本课程开发的主要影响因素

学校是真正发生教育的地方，学校生活将受到越来越多的关注，相对于传统的国家课程开发来讲，校本课程开发更具有民主性和开放性。因此，影响体育校本课程开发的因素是多方面的，如图 7-1 所示，直接对体育与健康校本课程开发产生影响的主要有国家的课程标准、地方各级政府及教育行政部门制订的课程实施方案、校长、教师、学生、家长、社区相关人士和学校、社区体育环境等。其中国家课程标准更多的是对能不能以及能够在多大程度上进行体育与健康校本课程开发提出指导性意见，而很少对体育校本课程开发进行具体的安排。

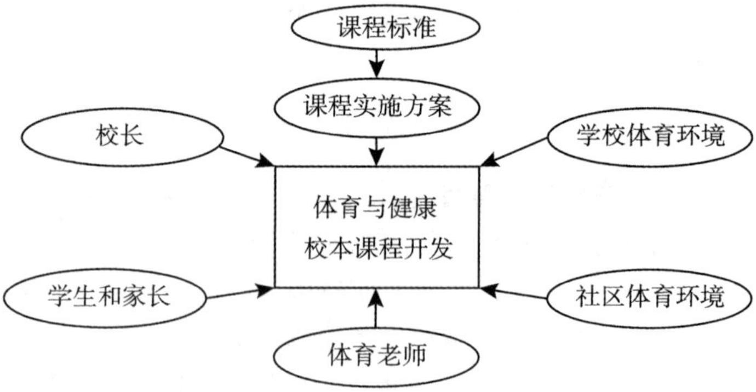

图 7-1　体育与健康校本课程开发的主要影响因素

第二节　体育与健康校本课程的资源类型

顾明远先生在其主编的《教育大词典》中提出了与课程资源相类似的一个概念，即教育资源，指的是“教育过程中所占用、使用和消耗的人力、物力和财力的总和”。① 钟启泉教授在《基础教育课程改革纲要(试行)解读》一书中也认为课程资源的概念有广义和狭义之分。广义的课程资源指有利于实现课程目标的各种因素。狭义的课程资源仅指形成课程的直接因素来源。体育课程资源是体育课程设计、实施和评价等整个体育课程与教学过程中可资利用的一切人力、物力以及自然资源的总和，包括学校、家庭和社会中所有有助于实现体育课程目标，促进体育教师专业成长和学生全面发展的各种资源。

一、体育与健康校本课程资源的类型

校本课程资源是校本课程开发的重要组成部分，没有校本课程资源，校本课程就不会有趣味，也不能满足学生的需求，更不能促进学校特色的形成。我们可以对校内和校外的丰富课程资源予以开发和利用。

体育与健康课程标准中指出，体育与健康课程资源的开发与利用应从人力资源的开发、体育设施资源的开发、课程内容资源的开发、课外和校外体育资源的开发、自然地理课程资源的开发和体育信息资源的开发等方面着手进行。在人力资源开发方面，体育与健康课程标准指出了许多人力资源，如班主任、有体育特长的教师、校医、社会体育指导员、家长等可以利用的资源。在体育设施资源的开发中，体育与健康课程标准主要从五个方面进行阐述：发挥体育器材的多种功能；制作简易器材；改造场地器材，提高场地利用价值；合理布局学校场地器材；合理使用场地器材。在课程内容资源的开发方面，体育与健康课程标准明确提出了体育与健康课程应注意对现有运动项目的改造，对新兴运动项目的引进以及对民族、民间传统体育资源的开发。在课外和校外体育资源的开发方面，体育与健康课程标准主要从课外体育资源和校外体育资源的开发方面进行了阐述。在自然地理课程资源的开发方面，体育与健康课程标准主要从利用地域特点及季节特点等着手进行了举例说明。在体育信息资源的开发方面，只作了较为简单的阐述，这为校本课程资源开发与利用指明了方向。

体育与健康课程资源可以分为物质的与非物质的两大类，再将非物质的分为体育课程思想资源、体育课程知识资源和体育课程经验资源三种；物质的分为体育课程人力资源与体育课程物力(财力)资源两种(见表7-1)。

① 顾明远．教育大词典[M]．上海：上海教育出版社，1997.

表 7-1　　　　　　　　　　　**体育课程资源的分类**

一级指标	二级指标	三级指标	四级指标
物质的	体育课程人力资源	体育课程人力需求资源	
		体育课程人力供给资源	
		体育课程人力配置资源	
		体育课程人力开发资源	
	体育课程物力资源	体育课程物质资源	体育课程设施资源 体育课程自然地理资源 体育课程信息资源
		体育课程财力资源	政府财力资源 社会财力资源 学校财力资源
非物质的	体育课程思想资源	体育哲学思想资源	
		体育人文思想资源	
	体育课程知识资源	健康知识资源 运动技术知识资源 体育人文社会知识资源	
	体育课程经验资源	学生经验资源 教师经验资源	
		其他教育者经验资源	

资料来源：李龙正．体育课程资源的分类研究．北京体育大学学报[J]，2006(3)：383.

体育课程思想资源是指一切有可能参与到体育课程活动之中，影响体育课程活动的各类人员所具有的全部思想观念。它是存在于体育教育系统中的教师、学生、管理者、研究人员和其他工作者头脑中的直接支配他们活动的各种观念。包括体育哲学思想资源和体育人文思想资源。

体育课程知识资源包括健康知识资源、运动技术知识资源和体育人文社会学知识资源。这些资源实际上也属于体育课程内容资源范畴。

体育课程经验资源是指体育教育系统的教师、管理者、研究者、工作人员和学生所具有的个人经历的总和。他们各自的经验有所不同，但也有一些共同点，他们都有受教育的经验、社会生活经验、学校生活经验和体育运动的经验，只是各自的经验内容、性质、水平等不一样。教师的经验是起主导作用的课程资源，它支配着课程活动的过程，这是不容否定的现实。教师的经验对学生的经验的形成是至关重要的。要充分挖掘体育教育工作者包括体育教师、体育指导员、体育专家、有体育特长的其他教师等的经验资源使学生形成良好的体育经验。

体育课程物力资源由体育课程物质资源和体育课程财力资源组成。体育课程物质资源可分为体育课程自然地理资源、体育课程设施资源和体育课程信息资源。体育课程财力资源可按来源分为三部分：政府财力资源、社会财力资源和学校财力资源。如何挖掘多元化的财力资源，提高学校体育经费，是体育课程资源研究的重要课题。

体育课程人力资源主要包括：体育课程人力需求资源、体育课程人力供给资源、体育课程人力配置资源、体育课程人力开发资源。

在体育信息资源方面，随着信息技术的发展，网络已经进入人们的社会生活，并产生了广泛的影响，它已成为一种独特的资源。它虽然是一个虚拟的世界，但同广播、电视、报刊一样都需要物质设备的支持，需要投入大量的资金进行建设，所以，从这个意义上讲体育信息资源应归属于体育课程物力资源范畴。

二、体育与健康校本课程资源开发的特点

(一)开发利用的统一性

体育课程资源的开发与利用是密切联系在一起的，开发是利用的前提，利用是开发的目的。从这种意义上讲，一切有可能成为体育与健康课程资源的资源都具有开发利用的统一性的特点。

(二)一物多用的多元性

同一体育与健康课程资源对于体育与健康课程具有不同的用途和价值，因而体育与健康课程资源具有多质性的特点。如跳绳既可以提高有氧耐力和弹跳力，也可以用于培养学生的团结协作精神，还有利于培养学生坚忍不拔的意志品质等。

(三)开发创造的生成性

校本课程资源开发给学生提供了一个体验和探究的空间。伴随着开发活动的进行，学生的探究活动、师生之间的交流对话、学生的疑难问题等都是重要的课程资源，并且这种动态性的资源会慢慢增加。因而，校本课程资源开发也就具有了生成性的特点。

第三节　体育与健康校本课程资源的开发与利用

一、竞技运动项目资源的开发与利用

(一)竞技运动项目资源改造的意义

日本著名体育社会学家菅原礼在《体育社会学的基础理论》一书中提出，现代

竞技运动由游戏向职业竞技的变化可以分为五个阶段，即游戏——非正规竞技——半正规竞技——正规竞技——职业竞技。① 上述五个层次越向高级阶段发展，技术的规范化与规则的严密化程度越高。正规竞技规则是由国际专项体育协会确定；而半正规竞技以下的层次，其规则可由参加者或组织者全部或部分地参与制订，这为教师改造竞技体育项目提供了权限。竞技运动具有教育、娱乐、政治等多种功能，通常表现出以下特征：竞争竞赛、休闲消遣、娱乐观赏、荣誉自尊、挑战自我、悬念刺激、自我显示、精神激励、情绪宣泄等。对竞技运动项目进行改造，有利于激发学生的学习兴趣，有利于学生更好地锻炼身体、增强体能、增进健康、发展个性，有利于学生适当掌握最基本的运动技术技能，为终身从事体育健身活动奠定良好的基础。竞技运动项目的开发与创新对提高教学设计水平，丰富学生的学习内容，推进体育与健康课程改革具有重要的现实意义。

（二）竞技运动项目资源改造的基本思路与方法

在竞技运动项目改造的具体操作中，要根据体育与健康课程标准的精神，遵循体育规律和健身原理，在充分研究竞技运动项目的教育性、教师的可操作性和学生的可接受性的基础上，从运动的方向、形式、路线、距离、顺序、节奏、规格、场地、器材、规则要求、参加人数等运动学、动力学及体育与健康特征方面，对竞技运动项目进行加工改造，使其成为有健身价值的、适合学生身心发展的体育课程。

1. 竞技运动项目资源改造的基本思路：

（1）学生技能水平和游戏规则相适应。

作为具体的一个班级的学生，或是具体的一个学生，他们的技能水平是相对稳定的，既不会在短期内快速提高也不会在短期内无故下降，因此只能使游戏规则适应学生的技能水平。教师在设计和开发游戏规则之时，首先要考虑的是学生现有的技能水平。现代竞技运动由游戏向职业竞技变化的五个层次是以规则的制定程序为依据，因此采用何种层次的规则不是由教师随意确定的，而是应当以学生的技能水平来确定。一般来说，低年级学生技能水平低，采用游戏和非正规竞技的机会就多些；而高年级学生技能水平高，采用正规竞技的机会就多些。但是，对竞技战术的教法手段，无论是低年级还是高年级，大量采用游戏教学会提高教师教学效果。

（2）规范性开发和适应性开发相结合。

竞技运动的开发有两类，一类是规范性开发，另一类是适应性开发，有时也会出现规范性和适应性相结合的开发。在开发一个新的运动项目时，一般是从游戏开始，逐步在技能上规范、规则上严密，最后发展为一个独立的运动项目。例如乒乓

① 顾渊彦，王达梅．国家体育课程的校本开发之四——竞技运动项目的开发与改造［J］．中国学校体育，2010(1)．

球，它是从模仿网球，在桌子上用板击打小球的游戏开始的，现在已逐步发展成乒乓球运动。在我国的江苏省，开发了三门球，它的开始也是游戏，但逐步对球型、场地、参赛人数、比赛规则、失分办法等做出规定，并组织了省级比赛，现已走向规范。作为学校体育开发的新项目，如毽球、藤球等，也是沿着规范性开发的途径发展着。所谓适应性开发，是对已有的运动项目降低技术难度、减小负荷强度、修改比赛规则，简化要求，简化技术结构，降低运动难度、动作难度，使其成为半正规、非正规的比赛或游戏，改造场地器材，以适应学生现有的技能水平，适应性开发在课程改革的实践中已有了广泛的应用。部分运动项目的开发适应性和规范性兼而有之。例如沙滩排球、软式排球，一开始是排球运动的适应性开发，后来成为独立的运动项目。

二、健身休闲类体育项目资源的开发与利用

健身休闲运动项目是指人们利用余暇时间，为了达到休闲、健身、娱乐等多种目的进行的各种身体活动方式。这些活动都需要参与者身体力行并掌握一定的技术技能知识。

1. 健身健美类休闲活动的内容有健身、健美操、拉拉队、普拉提、体育舞蹈、街舞、瑜伽等，是带有表演性、艺术性、技巧性的有氧运动。健身健美类休闲活动伴以节奏强劲的音乐和豪迈奔放的舞姿，用于体形训练、调节机能、提高审美能力和增强审美情趣，以达到外在美和内在美的统一，展示出大自然赋予人类的体态美和体育活动的运动美。

2. 康乐游戏类休闲活动有跳绳、钓鱼、风筝、踢毽子、打陀螺轮滑、飞镖等。这些活动源于古代的民间游戏，历史悠久，在漫长的实践和传承过程中经过人们不断的修改、创新，已发展成现代颇具特色的项目。康乐游戏类活动最大的特点是具有明显的娱乐性，在活动中尽情玩耍，在玩乐中强身健体、陶冶情操、培育品格、开拓思维，感受身心愉悦的体验。

3. 运动竞赛休闲运动有休闲竞技比赛、野外拓展、组队对抗等项目，具有技艺性、竞争性和规则性的特点。体育活动的竞技性赋予体育这一人类文明活动无限的魅力，吸引着人们广泛参与。通过竞赛活动展示自我、张扬个性，体现人类敢于创新、顽强拼搏、奋力争先的精神。通过竞赛对抗活动，可以满足竞争的心理，展示个人的智慧和才华，还可以从中学会正确处理人际关系，宣泄心中的郁闷，调整心态。

4. 养生保健类活动有太极拳、八段锦、气功、五禽戏等，其特点是内向含蓄、自得其乐，在安逸的心境和清静的环境下，身心双修。在传统文化思想中，无论是儒家、道家还是佛家，“天人合一、人与自然的和谐等养生的理念，形神兼备，调形生息、修身养性”等，都是中国古代休闲养生追求的境界。

5. 探险拓展类休闲活动有登山、野营、攀岩、蹦极、定向越野、漂流、徒步穿越、驾车、自行车等项目，内容丰富、形式独特，具有体能训练、技能训练、生存训练、心理训练、人格训练和管理训练多方面功能。它们吸引着众多热衷于冒险刺激、磨炼意志的运动休闲爱好者去探索、体验，体现人生的价值。

这些健身休闲类体育项目既有各自的特色，又有良好的健身价值，是学校体育教学活力的源泉，是体育与健康课程将着力开发、利用的宝贵的资源。健身休闲类体育项目有很多内容，选择和应用时，要根据学校的地域特点、环境因素、学生情况等进行选择。在选择和开发这些项目时，要对动作进行设计，以符合学生身心发展的实际需求，开发简单、大方、美观、健康、活泼、参与性强的课程内容。经过改造的健身休闲类体育项目，将成为学校体育与健康课程的重要开发内容。

三、体育场地器材资源的开发与利用

(1)巧用篮球场。篮球场不仅仅是篮球教学专用的，有许多运动都可在篮球场进行。如利用球场的边线或端线组织短距离跑，往返跑，利用三分弧线组织弯道跑，利用两个半场组织跑四角比赛，利用三个圆做角力游戏，还可在篮球场地上组织足球赛。

(2)妙用小垫子。某些学校这些体育器材很少使用，原因是体育教师不善用，有的体育教师觉得搬进搬出麻烦就干脆不用，造成有限体育器材资源的浪费。垫子不仅仅限用于滚翻、仰卧起坐等练习，还可用于立定跳远和各种趣味跳教学，小足球比赛中用于球门，用于跨过、绕过障碍教学，用于游戏投掷打靶、穿过小树林等。只要广大体育教师充分利用好现有的体育器材，就能更好地激发学生的兴趣，提高学生锻炼的效果。

(3)栏架可以用来跨栏，也可以用作投射门，还可以用作钻越的障碍等；利用跳绳可以做绳操、斗智拉绳等。实心球可以用来投掷，用来当作负重物、障碍物、标志物，还可以用来打“保龄球”。

(4)自制简易的器材，丰富体育活动。利用废旧物、生活物品、生活设施和生活工具等解决器材的短缺问题，改善教学条件，是一个“量材录用”、因陋就简的积极的办法。如一张平时只能当废品卖的报纸，可以制成“小棒”、“标枪”、“金箍棒”。又如一个自行车轮胎也可以让学生玩得很开心，当呼啦圈，用来拔河，还可以用来让学生钻过去，在运动员素质练习的时候可以用来辅助练习后蹬腿跑。这也是利用废物的好例子。

学校应根据本校和学生的实际情况，合理地开发利用运动场地，最大限度地挖掘场地的使用空间和时间，充分利用学校的空地和学校周边环境，合理地安排好运动的时间，处理好“利用”与“安全”的关系。

四、自然地理资源的开发与利用

我国地域辽阔，资源丰富，有着千姿百态的地况地貌和气象万千的季节气候。在大自然中，空气、阳光、水、江、河、湖、海、森林、草原、山地、丘陵、沟渠、田野、海滩、沙丘以及春、夏、秋、冬四季都蕴藏着十分丰富的体育课程资源，利用它们可以进行各种各样的体育活动。例如，利用空气，可以进行有氧运动，如散步、慢跑、有氧操等；利用阳光，可以进行日光浴；利用水，可以进行游泳、跳水、温泉浴等；利用山地，可以进行登山、攀岩等；利用沟渠、田野，可以进行越野跑、有氧耐力运动等；利用海滩，可以进行慢跑、沙滩排球、日光浴等；利用江、湖，可以进行龙舟竞赛、游泳等；利用雪原，可以进行滑雪、滚雪球、打雪仗等；利用草原，可以进行骑马、练习武术等。春季可以春游、远足；夏季可以游泳、打沙滩排球；秋季可以秋游、爬山；冬季可以滑雪、滑冰、长跑等。自然地理资源的内容与形式丰富多样，开发与利用应适合学生的年龄特征，要既能满足学生的兴趣和爱好，又能做到因地制宜和因时制宜，促进身心健康发展，实现体育课程目标。

五、人力资源的开发与利用

体育课程实施过程中应重视开发与利用人力资源，除了体育教师以外，还应注意发挥班主任、有体育特长的教师、卫生保健教师和校长的作用，指导和组织学生进行体育与健康活动。

(一)体育教师

体育教师本身就是体育课程中的重要资源。要充分地挖掘并有效利用体育课程资源，最大限度地发挥体育课程资源的效益和价值，需要体育课程资源开发者特别是体育教师在体育课程资源开发与利用中积极发挥主体性作用。同样的体育课程内容，同样的学生，不同的体育教师上课，其效果也大不一样，不同体育教师对体育课程资源开发利用的不同观念往往发挥着很重要的作用。体育教师在体育与健康课程的教学活动中，承担着更多的教学使命，不仅仅是向学生传授运动知识和技能，而且要通过体育与健康课程的教学，努力促进学生健康、全面地发展。体育教师首先应是一名教育者，其次才是一名体育工作者，应在培养人方面承担起更多的职责、发挥更大的作用、体现更高的价值。体育教师应从一个“教书匠”转变为一个研究者、开发者，进入体育课程实施过程。

(二)班主任

在日常的体育教学和体育活动中，体育工作离不开班主任的支持和帮助。与班主任相处是体育教师着力要做的一项重要的工作。班主任在管理自己的班级时，会对班级的纪律、学习等日常工作花费很多精力，更不想让自己所带的班级在学校任何活动中落后。所以很多班主任对所有任课教师都持有很高的期望，希望任课教师能认真对待自己班级的课程，配合班主任做好班级的管理工作。体育课特有的纪律性，在班级管理中发挥着无可替代的作用，也最受班主任重视和认可。所以在日常的体育教学中，班主任可以起到帮助体育教师抓好体育课课堂纪律，保质保量地上好体育课的作用，充分发挥体育对学生的纪律性、团队精神和集体荣誉感的育人作用。体育教师只有在平时的工作中认真教学，对自己所带的班级有责任感，才可能在今后的工作中得到班主任的理解和支持。

在教学中，班主任还可以帮助体育教师处理一些比较棘手的问题。学校的各个班级都有自己的班规和班风，在体育教学中出现的问题或是学生在教学中良好的表现，都需要体育教师和班主任进行交流，以获得班主任的配合，给予及时的帮助。

各项体育活动得到班主任积极的配合，会对体育教师和学生的心理产生积极的心理作用，班主任和体育教师在教学中表现出的团结合作精神则能营造宽松的工作氛围和良好的人际关系，有利于各项体育活动的开展。班主任能帮助体育教师一起制订班级的体育训练计划，承担学生参加体育活动的训练工作，利用体育课对学生进行强化练习，最大限度的配合体育教师的工作。

(三)校长

学校是体育课程改革实施的基地，体育课程改革能否顺利地走进课堂，并取得良好的效果与校长密切相关，校长对体育课程改革的重视、理解和认同，是决定改革成败的重要环节。

体育课程改革的实施不是简单地更换一套体育教材或改变一些传统的体育教育工作方式及做法，而是从学校内部组织结构到体育教育思想观念都要进行调整与革新，但其无法自发形成，需要在学校校长有意识地引导下，建立相关管理制度，展现出一种崭新的学校体育文化，也就是在校长的引领下，形成一种开放、合作、交流、民主的体育文化氛围。体育课程改革固然要落实到每一位体育教师的具体工作之中，也要落实到每一位学生的积极体育参与之上，对体育课程改革成功与否的评价也要以体育课堂教学为着眼点，校长的重要职责和任务就是要为体育教师的教和学生的学服务，所以校长必须关注体育课堂的教学，也必须参与体育课堂教学的研究与指导，只有这样，才能了解体育教学改革实施的状况和体育教师存在的各种问题，才能够采取相应的、有针对性的措施促进体育教师的专业化成长。在校长、体育教师、体育课程改革专家、学生以及家长和社区人员等共同组成的体育课程改革人力资源群体中，毋庸置疑，校长是体育课程改革的组织者和协调者，具有举足轻重的作用。

六、信息资源开发与利用

现代信息技术越来越多地进入教育领域、进入课堂，并深刻影响着教育事业的发展。《基础教育课程改革纲要(试行)》指出："大力推进信息技术在教学过程中的普遍应用，促进信息技术与学科课程的整合，逐步实现教学内容的呈现方式、学生的学习方式、教师的教学方式和师生互动方式的变革，充分发挥信息技术的优势，为学生的学习和发展提供丰富多彩的教育环境和有力的学习工具。"随着课程改革的不断深化，各学科都不同程度地引进了多媒体及网络辅助教学手段，利用现代化的教学手段优化教学过程，将多媒体课件运用在课堂教学中，既提高了课堂教学质量，也促进了教学改革的进程。信息技术与学科教学(或课程)的整合成为教学改革发展的方向，也是课程资源开发与利用的一个发展方向。一方面开发与利用信息资源为各级各类体育教学提供准确、规范、多样的多媒体教学资源，在教学过程中，把教师自己很难示范清楚的技术环节，用课件中的动画或影像表现出来或把空中动作停下来示范给学生看，以鲜明的图像、生动的画面、灵活多变的动画及音乐效果，甚至采取摄像回放的方法来优化教学过程，显得尤为必要。

另一方面，体育信息资源为体育科研人员提供学科导航信息、体育专业信息数据库信息、图书情报和文献信息；为社会提供健身指导、康复医疗保健、体质测量评价、体育产业、体育娱乐旅游等方面的信息咨询。

第四节　体育与健康校本课程资源开发和利用的原则①

一、校本课程资源开发和利用的原则

人类的各种实践活动都需要有一定资源的支持。课程内容资源是因新一轮课程改革的需要而提出的一个新的概念，课程内容资源是体育与健康课程开设的前提，但丰富的内容资源只有经过筛选和加工后才能真正进入课程。因此，要实现体育与健康课程改革的目标，需要正确理解课程内容资源开发和利用的理论，勇于实践，不断提高开发和利用的水平。在我国，由于各地经济和文化发展不平衡，城市、城镇、乡村学校的条件具有很大的差异，而体育教学条件的差异尤其明显，加上新兴体育项目的增加，新课程标准在教学内容方面没有具体的规定，这是符合我国实际的。但新课程标准同时明确指出："积极利用和开发课程资源是顺利实施课程的重要组成部分，因地制宜地开发和利用各种课程资源，可以发挥课程资源应有的教学优势，体现课程的弹性和地方特色。"这就使各地学校和体育教师在课程内容上具有了很大的选择性，为学校和教师积极开发和利用课程资源提供了极大的空间。体育教师开发利用课程内容资源应坚持以下原则：

① 宋旭．体育课程内容资源开发和利用——读《体育课应引进什么新的教学内容》[J]．体育学刊，2007(5)：9-11.

（一）开发和利用的目标性依据原则

课程内容是实现课程目标的载体，为实现学习目标提供了中介，制约和影响着学习目标的制定与实现。体育与健康课程标准体现了对各学校的学生在运动参与、运动技能、身体健康、心理健康和社会适应能力等领域目标和水平目标及达到相应水平目标方面提出的基本要求。这一课程目标是确定与选择内容的依据和基础，为具体内容的选择和创编指明了方向，提供了思路。选择与创编体育学习内容应始终明确指向体育与健康课程目标，并将目标贯穿于整个教学过程。

体育与健康课程标准的第三部分“内容标准”只是提供了一个“内容框架”，而不是一个具体的学习内容，在实施建议中指出：“体育与健康课程标准以目标的达成来统领教学内容和教学方法的选择。各地、各校和教师可以选择多种不同的内容，采用多种不同的形式和方法去达成课程的学习目标。”①在体育课程改革发展过程中，教师应根据各自的实际情况，在宏观目标导向下，创造性地进行微观选择。

（二）围绕目标的系统性原则

体育课程内容资源，从教学设计角度来讲必须要围绕着既定的教学目标，使内容主体的动作技术、组织教学形式、教学方法、常犯错误及纠正方法、学习过程和结果的评价以及场地、器材的设置和要求、安全措施等诸多方面构成一个体育教学系统。

（三）“健康第一”的娱乐健身性原则

“健康第一”是学校教育改革的指导思想，是体育与健康课程的首要目标。因此，我们在开发课程资源时主要考虑的就是娱乐性、健身性原则。中、小学生正处在身心迅速成长时期，在他们发育成长的不同阶段，身体、心理发展不一。所以，我们在选择内容资源时，应做到科学、合理，切忌选用一些不切合实际、无助于学生身心健康的内容资源。

（四）内源型的兴趣性原则

兴趣是学生学习体育与健康课程的动力，只有学生对教学的内容、方法、环境产生兴趣，才能主动、积极地参与学习。在开发体育课程内容资源时，切忌选择那些技术要求太高、不符合学生实际或枯燥无味的内容。应当根据青少年活泼好动的心理特点，选择他们喜爱的运动内容，包括一些娱乐、休闲和新兴的体育锻炼内容，使他们能在学习的乐趣中，身心得到充分的发展。

（五）实践选择的适应性原则

在开发体育课程内容资源的过程中，应考虑到与学校、教师和学生的实际情况相符合。我们可能会发现很多很好的资源，但不是都能得到很好地利用，这还要看

① 滕子敬，季浏．体育与健康课程为什么要目标统领学习内容［J］．中国学校体育，2002（5）：13-14.

学校、教师和学生的具体情况，甚至还要考虑到能不能得到家长的理解和支持等。一些有价值的内容，初选时也许有的学生不能很快接受，这就需要有一个反复实践选择的适应过程，要在不断的实践中探讨、发现选择内容的价值和科学性。当我们建立了新的课程观后，我们的视野将扩大，一切可促进学生身心健康发展的资源都可成为课程内容的资源。用发展的观点，根据资源的优劣和学校的实际情况，选择最适合的资源加以开发和利用。

二、校本课程资源开发和利用的特点

(一) 开发和利用的自主性和个性化特点

生活中的所有事物都是可能的课程内容资源，但不一定都能成为现实的课程内容资源。体育与健康课程标准对课程目标、学习领域目标和水平目标提出了具体的要求，但对完成课程目标所需要的内容与方法只提出了一个大体的范围，各地区、学校和体育教师都有相当大的选择余地。由于体育与健康课程标准没有规定教学的时数，根据学生达到学习目标的状况，教师可随时对不同内容的教学时数进行调整。教师有了更大的自主权，地方、学校、教师可根据各自的需要、特点和优势，充分挖掘丰富的课程资源，并从中筛选出受学生欢迎的、有效的和切实可行的各种教学内容与方法，创造性地去实现课程的目标，做到目标一致，殊途同归。另外，国家、地方、学校的三级课程管理体制，也是为了调动各地区、学校和教师开发课程资源的积极性，让大家放开手脚更好地完成课程改革的任务。教师可根据实际情况，自主选择教学内容和教学方法，拟定自己的“脚本”，上好自己的特色课，实现目标要求。

(二) 开发和利用的实证性特点

人类的健身手段与方法是十分丰富的，而且随着社会的发展在不断发展。目前，竞技体育、娱乐体育、休闲娱乐体育、民间和民族体育的内容，以及有特色的体育项目、新兴体育项目等，都可以被堂堂正正地引进体育课堂。然而，体育课程资源的开发和利用需在教学实践中加以检验，用实践来检验所选用资源的科学性和有效性，这是一个必须长期反复的实践、检验、修改、提高的过程，这样才能实现资源的有效开发与利用。体育课程内容资源开发和利用是一个复杂的系统工程，具有多样性与特色性、价值潜在性与可开发性、功能多元性与可替代性以及过程性与生成性等特点。发展是硬道理，只有大胆实践才能不断创新，应紧紧围绕满足学生体育需要，突出学生的主体地位，在科学的理论指导下广泛进行开发和利用，实现课程改革的理想目标。

思考题：

1. 竞技运动项目资源改造的基本方法有哪些？

2. 请你选取两种体育器材，并对这两种体育器材的功能进行改造，要求功能有所不同。

3. 体育教师开发利用课程资源应坚持哪些原则？

第八章　体育与健康课程教材分析

教材分析是教师工作的重要内容，它关系到教师的课程设计、课程组织与实施，更关系到教学目标的实现和教育目的的达成。

第一节　体育与健康课程教材和教学内容

一、体育教学内容的含义

体育教学内容是体育课程内容的一个有机组成部分，是在学与教相互作用过程中有意传递的主要信息。“体育教学内容是那些以体育教育为目的，以身体练习、运动技能学习和教学比赛等为形式，经过加工后的，可以在教学环境下进行的内容的总称。”①体育教学内容反映了达到体育教学目标而选用的体育知识和技能的体系。它是在体育教学实践中教师教与学生学的实际材料，具有身体运动性、健身性、娱乐性、非阶梯性等特点，教学内容的选择是体育教学设计的核心问题。

体育教学内容是构成教学活动的基本要素，是实现体育教学目标的重要条件，每一项内容的教学活动的完成都使得整个教学工作更接近于最终目标的实现。

① 毛振明等．体育教学内容改革与新体育运动项目[M]．北京：北京体育大学出版社，2002.

二、体育教材的含义

从课程论的视角看,① 教材是以课程标准为依据制定的课程内容在教学活动中转化的产物，是用于向学生传授知识、技能和思想的材料，是教师和学生进行信息交流的主要媒介，有广义和狭义之分。广义的教材是指课堂上和课外教师和学生使用的所有教学材料，比如，课本、补充练习、辅导材料、电子音像制品、报纸杂志，等等。狭义的教材就是教科书，是课程的核心材料。教材不仅提供学习内容，它包含知识体系、背景材料和练习材料三个方面的资料，还规定了学习过程和方法，具有一定的结构和使用要求，具有教材自身的逻辑性。教师在使用时，需要区分出哪些是要求学生必须掌握的知识、技能方面的材料，哪些是为了让学生掌握知识、技能而安排的过渡性练习或者是更好领会所学内容的背景材料。只有区分不同性质的材料，才便于确定学生应该掌握什么样的知识与技能。

体育教材是体育课程实施的媒介，是体育课程改革的重要内容，也是达成体育教学目标的保证，更是制约教学效果的重要因素，体育教材的质量影响着体育教学计划的制订和教学内容的选择。体育教材是依据体育教学的目标选择出来，根据学生发展需要和教学条件进行加工的，在体育教学环境下传授给学生的身体练习、运动技术学习和教学比赛等。体育教材与体育教学内容的本质基本相同，体育教学内容经过加工、选择、编排和媒体化工作便成为教材。

第二节　体育与健康教材分析

一、教材分析的意义

(1)教材分析是教师在进行教学设计时的一项重要的工作，它是教学设计前端分析的必要步骤，是教师进行教学设计编写教案、制订教学计划的基础，是备好课、上好课和达到预期教学目的的前提和关键，这项工作对顺利开展教学活动、完成教学任务具有十分重要的意义。

(2)教材分析是教法研究的过程，既是教师教学工作的重要内容，又是教师进行教学研究的一种主要方法，这个过程能够充分体现教师的教学能力和创造性的劳动。所以，教材分析的过程，就是教师不断提高业务素质和加深对教育理论理解的过程，对提高教学质量、提高教师自身的素质都具有十分重要的意义。

---

① 钟启泉．为了中华民族的复兴　为了每位学生的发展[M]．上海：华东师范大学出版社，2001：187.

二、教材分析主要内容

教材是课程实施的基本内核和教法运用的重要前提，教材又是课程与教法之间的中介和联结，只有通过教材，教法才有用武之地，才能实现课程目标。从教育传播学的角度看，教材属于教育信息的范畴，教材分析就是一种对教育信息重新译码的过程。没有对教材的正确和具体分析，就难以针对性地制定教学目标，拟定教学策略取向和选择合理的教学方法。所以，教师在进行教学设计时，必须首先对教材作出正确和具体的分析。

由于体育与健康课程标准没有提供具体的教材内容，体育就成了学校中唯一需要教师自己动手选择教材的学科，而选择教材首先需要对浩瀚繁杂的体育内容作出分析，明确哪些内容可以进入体育课堂成为教材，哪些内容不宜成为体育教材，即体育教师在具体的教材分析前，还必须对体育教材进行预先分析和筛选。

(一)教材分析的主要内容

教材分析宛如一个有层次的圆核，其层次由外向里分别是教材的价值、教材的特点和教材的重点，① 这些因素又分别制约着教学目标的制定，教学策略的取向和教学方法的选择。

1. 教材价值的分析

体育教材的价值主要从教育性、健身性、娱乐性和长效性四个方面来分析。②

(1)分析体育教材的教育性，即分析教材对培养学生良好的心理品质、提高学生的社会适应能力以及形成优良道德作风等方面的作用。不同的体育教材，具有不同的教育作用。如篮球、足球等教材，在培养学生团队合作精神、责任感、遵守规则、勇于克服困难等方面都有着重要的教育意义；田径中的耐久跑等教材可以培养学生良好的意志品质；体操中的单杠、双杠、支撑跳跃等教材可以培养学生勇敢顽强的精神，而学习过程中的保护与帮助又可以有效培养学生团结协作的精神；武术、跆拳道教材中可以对学生进行“武德”教育；等等。

(2)分析体育教材的健身性，即分析教材在提高学生运动能力、发展学生体能及增进学生健康方面的作用。由于体育教材的实践性特点，学生在学习过程中身体会承受一定的运动负荷，而这也必然带来学生体质的增强和运动能力的提高。但不同的体育教材，其增强学生体质的侧重点与效果有着较大差别。如球类比赛和球类单个动作练习，就有着很大不同，前者对学生体质健康有较全面、综合的影响，其健身价值较高；而后者可能只是对学生某一方面运动素质影响较大，其健身价值相对较低。在选择教材时，应尽量选择那些健身价值较高的教材。

---

① 李林．体育教材分析的核心[J]．体育教学，2011(4)．

② 李林．体育教材分析的核心[J]．体育教学，2011(4)．

(3)分析体育教材的娱乐性，即分析教材在调节学生情绪、提高学生学习兴趣等方面的作用。学生之所以喜爱运动，在很大程度上是由其娱乐性所决定的，即我们通常所说的“好玩”，因此大部分体育教材都具有一定的娱乐性。但是，不同的体育教材其娱乐性所表现出来的方式和结果是不一样的。如游戏、球类运动等教材，其娱乐性表现在“赢”或“输”的结果；体操、韵律操等教材中的娱乐性则体现在娴熟的技术、优美的旋律与节奏所带给人们的视、听觉上美的享受；田径教材中的娱乐性则表现在速度、高度、远度给人们带来的震撼与冲击；等等。对体育教材娱乐性的分析，可以帮助教师在教学中充分发挥体育教材的娱乐价值，以提高学生的兴趣和积极性。

(4)分析体育教材的长效性，即分析教材与学生未来生活的关联度和对学生终身体育的影响效果。就大多数体育教材而言，其和学生未来生活的关系不大，学生走向社会后基本上不会用其作为健身的手段，如田径、体操等教材；而有些教材如球类、武术、健美操、瑜伽、跆拳道等，学生在走向社会后，可能会以其作为健身手段，甚至成为其生活的重要组成部分。对前一类教材的教学，应侧重于其基础性，即为其他教材的学习奠定运动能力和运动素质的基础，而不是强调其技能的熟练性、完整性；对后一类教材的教学，除了应让学生熟练掌握较全面的运动技术、技能外，还要从学生未来生活的需要出发，加强运动文化方面的教育，使学生真正能够感悟体育、理解体育，并形成浓厚、持久的兴趣。

2. 教材特点的分析

教材价值层面之后是教材的特点，教材特点在一定程度上决定了教学策略的取向。不同的教材具有不同的特点，从主导运动能力的角度看，教材具有体能性或技能性的特点；从会做和不会做有无明显界限的角度看，教材具有突变性和渐变性的特点；从动作属于人为创编还是与生活相联系的角度看，教材具有创编性或生活性的特点；从运动项目的竞技特征看，教材具有对抗性或表现性的特点。分析体育教材的特点，主要从三方面来进行：

第一，分析教材的属性，即分析教材是属于技能型、体能型还是综合型，因为不同性质的教材学习时对学生技术技能和运动能力的要求不同。例如，体操技巧、乒乓球、篮球单个技术动作等教材，学习时对学生技术技能要求较高；田径中的快速跑、耐久跑等教材，学习时对学生运动能力的要求较高；而体操中的单杠、双杠、田径投掷、跨栏跑、跳高、跳远、球类比赛、武术和韵律操的套路动作等教材，学习时不仅对学生的技术技能要求较高，而且对其运动能力也有较高要求。对不同性质的教材，不仅教学的侧重点不同，而且在教学计划的安排以及教学目标和教学方法等的设计上都是不同的。

第二，分析教材的技术特点。对体育教材技术特点的分析，可以从多个角度、多个方面来进行：既可以从教材的要素结构进行分析，也可以从教材的表现形态进行分析；既可以从人与人、人与运动环境的关系分析教材，也可以从人对器械是否操控的角度分析教材；等等。例如，从教材的表现形态来看，可以分析其是单一动作结构、组合动作结构，还是活动性游戏或运动项目。这四类不同表现形态的教材其特点是不同的(见表 8-1)。

表 8-1　**不同表现形态教材主要特点比较**

类　别	活动(练习)方法要素	活动(比赛)规则要素	环境要素	人与人及人与环境关系要素
单一动作结构的教材	有，动作数量单一	无	有	有
组合动作结构的教材	有，动作数量两个以上	无	有	有
活动性游戏	有，动作数量两个以上	有，非正规	有	有
运动项目	有，动作数量两个以上	有，比较正规	有	有

无论从哪个角度对教材的技术特点进行分析，其根本目的是要根据不同教材的技术特点找到相应的学习方法，即通过相应的教法步骤以及各种诱导性和辅助性练习解决学生学习中可能遇到的困难，纠正学生学习中的错误，以便使学生能顺利掌握技术。

第三，分析教材的运动负荷特点。不同的体育教材，学习中学生身体所承受的负荷量和负荷强度不同(见表 8-2)。

表 8-2　**常见体育教材运动负荷特点分析**

教材名称	负荷量特点	符合强度特点
球类教学比赛	较大	较大
球类单个动作	较大	一般较小，有些动作如篮球行进间运球等强度较大
快速跑、接力跑、跨栏跑	中等偏大	较大
耐久跑	较大	中等
跳高、跳远、掷实心球	中等	较大
技巧、单杠、双杠、支撑跳跃	中等偏小	较大
武术套路	较大	中等
活动性游戏	中等偏小	竞赛较激烈的游戏强度较大；趣味性游戏强度较小
韵律操、健美操	较大	中等

对不同运动负荷特点的教材，在学习时应有不同策略。例如对负荷量较大的教材，学习时应注意控制练习的强度并适当增加休息时间；对负荷强度较大的教材，学习时应注意控制练习次数；而对负荷量和负荷强度都较小的教材，教师在教学中可以通过搭配其他负荷较高教材、改变练习方式等方法来保证体育课的运动负荷。此外，对教材特点进行分析时，还要注意学习时可能存在的安全隐患和风险，以便在教学方法和环境设计时能够有效地防范和化解。

教材的不同特点呼唤与之相适应的教法，这里面应该存在某种可遵循的规律，是一个大有开发前景的教学研究空间。如快速跑、耐久跑、障碍跑、蹲踞式跳远、轻物掷远等教材具有生活性、体能性和渐变性的特点，其技能学习具有自主习得性，即这些动作与学生生活经验有密切联系，到了一定年龄和经历了足够的生活、游戏等实践后，便能自然、本能地完成动作。在这些教材的学习中，学生有可能在教师没有讲解示范的情况下进行完整的尝试性练习，那么，教师完全可以采用先练后教、边练边教、自主探究等方式进行这类教材的学练，让学生在反复的练习中不断改进、巩固和提高运动技术水平。而少年拳、韵律操、舞蹈、双杠屈伸上、直腿后滚翻等教材具有创编性、突变性和表现性的特点，其技能具有模仿习得性，与学生生活经验联系较少，属于那种不学不会的内容，学生无法在没有感知教材的情况下进行完整的尝试练习，因此，教师就应该采用接受式的教学策略，要先教后练，循序渐进，用示范、讲解、诱导、辅助、帮助保护、程序教学等方法帮助学生掌握动作技术。

3. 教材重点的分析

教材分析核心的最里层是教材的重点。重点是教材中的核心，掌握了重点内容才能理解技术要领，具有触类旁通的效果。确定教学重点，首先要找出哪些是已学过的旧知识和技能，然后找出学生过去没有接触过的，甚至一点也不了解的全新知识，即是教学的重点。毛振明认为教学重点就是“教学中的重要部分”，或“重要的教学部分”，就是在教学中教师要下气力去教的部分，是教不好就不能算是完成教学任务，教不好整个课都不能算是一堂好课的那一部分。教材重点在一定程度上决定了具体的教学方法和练习形式，决定了教师开展教学活动的着眼点、着力点和着手点。就运动技能教材而言，教材重点一般是指教材的关键技术环节或动作要领。需要指出的是，作为教材重点的“点”往往不止一个，而是两个甚至两个以上“技术点”的结合或配合。如跳跃项目中助跑和起跳的结合；投掷项目中助跑和最后用力的结合；跑步的蹬摆结合；双杠挂臂屈伸上伸腿、制动与两臂压杠的配合；技巧前滚翻蹬地与团身的配合等。只有准确抓住教材重点，教师才可能针对重点来设计有效的学练方法，才可能根据重点合理安排教学步骤和进行辅导纠错。

教材的难点是指学生学习困难所在，学习上的困难经常是对问题不理解。产生难点的原因，是教材科学体系与学生接受水平、智力发展的差距造成的。难点具有主观性和动态性，在不同的学习对象身上和不同的学习阶段，教材的难点可能是不确定的，教师很难在课前就预设好一个具有普适性的教材难点。因此，教师应当在教学中注意观察，相机行事，因人、因时而异地确定教材难点。教材价值、特点和重点分别制约着教学目标制定、教学策略取向和教学方法选择，因此，教材价值、特点和重点应成为教材分析的核心或重点。

三、教材分析的依据

教材分析的依据是课程标准、教材和学生，同时还需要参阅必要的教学参考书。

(一)教材处理要符合课程标准的要求

课程标准是国家对一门学科的基本要求，是教材编写的指南和评价依据。教材是对课程标准的一次再创造、再组织，是帮助教师达到教学要求的辅助材料。教材内容是课程标准的具体化，是完成教学任务、实现教学目标的主要载体。评价教师对教材的处理，首先要看其是否能找准课标、教材和学生的连接点，依据课程标准，根据社会、学校、学生的实际情况对教材内容进行取舍和整合。

(二)教材处理要以教学目标为依据

教学目标、重点及难点是一门课程的灵魂和核心，是对教材进行处理的依据。课堂教学要目标明确、恰当，从而使师生双边活动始终围绕教学目标展开，做到教有方向、学有目标。课堂教学要突出重点，重点要领要使学生透彻理解，重点技能要让学生熟练掌握。要形成一个有主有次、前后有序、张弛有度的教学结构。在教学目标和重点难点的处理中，要特别注意教师的教材处理，在关注知识、技能的同时，更要关注方法、应用、探究等方面的内容，以及是否有合适的教学时间和教学策略的保证等。

(三)教材处理要符合学生的认知规律

不同认知水平的学生，思维特点不同，教师对教材的处理也应该有所不同。根据学生认知水平和技能形成规律、学生技能掌握规律。

(四)教材处理要全面发展，通盘考虑

进行教材处理首先要准确把握教材的编写意图以及教学内容在教材中所处的地位与价值，准确把握教材知识体系；还要注意知识、技能、能力的相互联系和前后照应，注重学生综合身体素质、体育技能的协调发展。

四、教材分析的基本方法

教材分析的顺序一般是：先对学段整体教材进行总体分析，然后进行一章或单元的教材分析，最后进行每一课时的教材分析。教材分析一般运用以下方法：

(一)体育技能分析法

体育技能分析法是以分析体育技能为主的方法，它涉及教材整体、部分、单元和课时。通过分析要掌握体育技能的体系，弄清教材的重点和难点，然后根据不同层次的教材分别采用不同的教学方法，以达到理想的教学效果。体育技能分析法首先要确定教材中的一般技能、重要知识、重点技能和扩展等，进而根据这些体育技能的内在联系，形成体育技能结构，必要时整理成知识结构图，以更全面深刻地理解教材，提高处理教材的能力。对单一的课时同样要进行体育技能分析，主要弄清教材结构(层次)、地位、重点和难点，进而确定教学目标和教学方法。

(二)心理分析法

心理分析法是从学生学习心理过程入手，挖掘和研究教材与教学中的心理因素。教材的心理分析，一般分为两方面：一是从分析教材的心理因素入手，分析校本课程标准的整体结构设计、内容选取与安排、教材的主要风格和特点等方面是如何适应学生的心理发展的。二是分析学生在学习的具体环节的心理过程、特点及障碍，以便在教学实施过程中更好地落实教学要求。

(三)方法论分析法

各种类型的知识在学习过程中都有不同的方法论内容，如学习体育技能要注意分析和类比；学习规律要注意归纳与演绎；应用知识时要注意对象与技能，等等。那么，如何将这些潜在的方法论因素发掘出来，自然是教材分析中的一大任务。教材分析的方法应当说是多方面的，但知识结构分析法是最基本的分析方法。掌握多种教材分析的方法，有利于广角度、全方位地对教材进行深刻的分析，但对不同教材和学生要根据他们的特点，突出某些方面的分析，不可面面俱到，更不可机械套用。

上述三种是教材分析中常用的方法，另外，从教材的整体和综合性方面考虑还应有结构论分析法；从反馈信息和涉及新研究成果看，应当有信息论分析法。所以，教材分析的方法应当是多方面的，但知识结构分析法是最基本的分析方法。

五、教材分析应注意的问题

(一)教材分析要抓住重难点

分析教材要把教材从横向到纵向立体地进行分析。横向分析注意教材的结构动作，如教材单元的知识点是什么，重难点是什么，核心的技术环节又是什么，每个环节的技术动作要领是什么，易犯错误动作有哪些，学生掌握起来有没有问题，哪些需要在学练中反复提示，这些都要分析透彻。分析得深时要分析到教材的技术核心，把握教材的精要，不要只停留在教材的表面，这是教材分析中经常存在的问题。同时还存在眼高手低的现象，总认为没什么，自己明白得很，其实到教学实施时，总是把握不住要点，重难点不突出，影响教学效果。

(二)教材分析过程需精细化

分析教材最终获得什么就是结果，而在分析的过程中具体怎样做，也就是怎样将分析的过程认真地做出来，就是分析的过程。重结果就是要注意提高分析的水平与质量，要扩大由不知到知的面，加深由知之浅到知之深的度。重过程就是端正教材分析的态度，做实分析的每一步工作，凝聚坚韧的精神，不放过细小的问题。

(三)把握教材的核心价值

分析教材不要过于面面俱到，要突出重点，要把握核心。那么教材分析的核心是教师形成自己对教材的理解，匹配学生的学力，确定切实可行的学习目标。经过分析自我建构出来的看法、观点是具有活性的知识，是具有应用性的知识，是具有创新性的知识。只有不断地对教材有新的理解，才能激活教材，实现用教材教。匹配学生的学力，是分析结果的运用，是学习价值与意义升值的过程，是实现学生发展的过程。而确定教学目标，则是引领学生学习发展的方向，目标合理、有感召力，学生才会学有收获，才会获得学习后的成功感，进而逐步形成学习的终身意识，实现身体的健康发展。

(四)教材分析要以学生为主

在教材分析中，处理好主体与主导的关系，就是教师在分析中，要始终如一地将学生作为学习的主体、发展的主体去分析。分析要考虑学生的学习情感与需要，要正视学生不同的学习心理与变化，要从学生学习的习惯和经验基础出发，用学生的思维、视角去分析教材，要去成人化。而要实现对学生的如此关注，分析过程中就要发挥教师主导作用，学习他人经验，建构自我观点，形成具有独特思想的理解。这样学生才能学得合理，学得有效。也只有教师的思想定位在学生发展的身上，教师才会有如此的行为，学生才会在教师的启发、引导下身心健康地发展。

(五)教材分析要以安全为本

在教材分析的过程中，对教材学习过程中存在的安全隐患要分析出来。体育课出安全问题，都是想不到、想得不周全或思想放松造成的。为了让学生享受健康体育，分析教材时，要根据已有的经验和学生的体能状况，合理地制订安全运动的预案。对于可能在什么环节、哪个阶段、出现什么问题，教师课前要有预测，采取措施避免问题的发生。教材是载体，承载着各种学习的信息，教材分析就是把握教材中的各种信息，疏通信息流通的各种渠道，使之在教学中能够自然地畅通流溢，成为学生体育学习的精神食粮，成为促进学生身心健康的工具。

思考题：

1. 简述教材分析的意义。
2. “教材”是否可以理解为教学内容？你是怎样理解的？
3. 教师在对教材进行分析时应注意哪些问题？
4. 教材分析的基本方法有哪些？

第九章　体育与健康课程教材选编与案例分析

第一节　体育与健康课程教材内容的层次类型

体育教材内容（指的是除体育与健康知识外的体育运动教材内容）可以分为四类不同的功能和形态，即“精教类”、“简教类”、“介绍类”和“锻炼类”四个层次类型的教材。①

第一，精教类教材：就是可以在不同年级出现的，用大单元进行系统教学的内容。这类内容是要重点教、仔细教、长期教的教学内容，是以让学生掌握好少数几项体育项目为目的的教学内容。如篮球、足球、排球、乒乓球、武术、体操等就属这类教学内容。

第二，简教类教材：就是只在某个年级出现，用大单元进行教学的一类内容，这种内容在整个教学内容体系中也可以有一定的比例。在体育教学中我们不能奢望学生能把所有的体育项目都学好，但我们可以让学生初步地学好一些项目，奠定基础。如轮滑、滑冰、体育舞蹈、网球、远足与野营、跳绳、踢毽子、游泳、棒垒球、手球、街舞、瑜伽、健美运动、形体、跆拳道、珍珠球等。

第三，介绍类教材：就是只在某个年级出现，用小单元进行教学的一类内容。这样的内容也不可过多，是那些介绍性、体验性以及知识性的内容。如铅球、铁饼、链球、标枪等。

第四，锻炼类教材：就是在很多年级都能出现，用小单元或穿插在其他教学内容的单元中作为辅助内容出现的一类内容，这种内容在整个教学内容体系中也可以有一定的比例，是那些“不需要深教，但

① 毛振明．体育教学论[M]．北京：高等教育出版社，2009.

需要常练”的运动项目，如跑、跳、投和其他一些身体素质练习完全可以糅和在其他体育项目学习的过程里。

第二节　不同层次的教材分析

一、精教类教材分析案例

(一)篮球教材分析

【教材概况】篮球运动是以投篮、上篮和扣篮为中心的对抗性体育运动之一，目的是将球投入对方球篮框中得分，并阻止对方获得球权和得分。队员可将球向任何方向传、投、拍、滚或运，但要受规则的限制。当今世界篮球水平最高的联赛是美国篮球职业联盟(NBA)比赛。

近些年来篮球吸引了越来越多学生的目光，是深受学生欢迎的一项体育活动，也是终身体育的重要项目之一。

【教学价值】篮球活动涵盖了跑、跳、投等多种身体运动形式且运动强度较大，因此，它能全面、有效、综合地促进身体素质和人体机能的全面发展，提高和保持人的生命活力，为人的一切活动打下坚实的身体(物质)基础，从而提高生活的质量。通过练习和比赛的过程，能使参与者的个性、自信心、情绪控制、意志力、进取心、团队凝聚力、自我控制与约束等方面都有良好的发展，以及培养团结拼搏、努力协作、文明自律、遵纪守法、尊重他人等良好道德品质和集体主义精神。

在我们的教学中，应以培养学生兴趣和教好传球、运球和投篮等最基本的技术为主，培养他们的场上意识和灵活运用各种技术的能力，教学中应该做到因材施教，充分发掘每一个学生的内在潜力，培养学生的自信心，让每个学生都在自己的水平上体验到篮球运动的乐趣，以体现新课改的指导思想。

【教材特点】篮球的乐趣在于利用各种合理的技术动作，或自己突破防守上篮(投篮)得分，或传球助攻让队友得分，或经过多次传球和相互的配合得分。要想在教学中让学生在掌握技能的同时，经常地体验到这些乐趣，就要在“玩法”上进行创新，在规则上进行各种改动和变化，在场地和器材的安排上进行巧妙的设计和布置。

1. 球性练习

【动作要领】单、双手抛接球、体前或头上双手间快速拨球，体前左右侧手挥摆球，环绕腹部交接球，环绕颈部交接球，原地快速运球和原地体前左右或体侧前后运球。培养学生控制球的能力。口诀：用力手型掌握好，迎来送往方协调。

【教材价值】打篮球要熟悉球性，尤其是初学者必须有一个熟悉球性的过程。只有对球性有所熟悉，对球的感觉能力有所提高，才能更快、更好地掌握篮球的基本技术。

【教材特点】学生对篮球的学习非常有兴趣。熟悉球性的练习正是在篮球教学中学生所要选择和必须练习的内容，是篮球练习基础内容和篮球教学中经常采用的行之有效的方法。由于篮球在中小学中开展得不均衡，学生篮球水平参差不齐，所以在教学中我们要注意动作学习由易到难，从培养学生的兴趣入手，使学生的篮球运动能力有所提高。

【教学重点】控制球的能力和方法。

【教学难点】球感的培养。

【教学建议】

(1)培养学生对球性练习的兴趣，教师采用多种多样的练习形式避免让学生在练习时感到枯燥，要求学生将注意力集中在对球运动状态的感觉和判断上，感知手与球的部位以及与手指用力之间的关系。让学生学会运球的方法，提高运球能力是教学的主要任务之一。由于熟练运球的技能不是短时间内能掌握的，因此，应首先引导学生掌握正确运球的方法，并在练习中不断体会手与球的关系，通过反复的练习实现协调配合。

(2)运用游戏教学，教师引导学生积极思考，教师讲解示范，并带领学生积极模仿、尝试。

(3)通过比赛，提高学生参与活动的积极性，满足学生体育能力的发展和需要，增强学生在比赛中实际运用的能力，实现教学目标。

2. 原地双手胸前传球、接球

【动作要领】两手持球的侧后方，手指自然分开，拇指相对成八字形，掌心空出，两肘弯曲自然置于身体的两侧。传球时要求前臂自然迅速前伸，手腕略向外翻抖动，同时两手拇指、食指、中指用力将球拨出。

传球口诀：持球屈肘于胸前，含胸收腹视前方；两臂前伸腕外翻，充分伸展指拨球。

接球口诀：两臂分开半弧形，面对来球上前迎；主动伸臂体前倾，顺势接球引胸前。

【教材价值】双手胸前传接球，是篮球运动中最主要的基本技术，是篮球教学的重要组成部分，是更好地学习其他技战术的基础，传接球技术的好坏直接影响到集体力量的发挥和战术配合的质量，所以我们必须高度重视学习和掌握这一技术。将运球、传球有机地结合起来，既可以发展学生的身体素质，又能够提高学生的应变能力，激发学生的学习兴趣。

【教材特点】传球的方法很多，双手胸前传球只是一种最基本、最常用的传球方法。传接球分为“传”和“接”两个动作，传球的目的是让同伴更好、更顺利地接到球，因此，两个动作要领是相辅相成的，不能进行分割教学，应该放在一起进行，让学生明白整个动作过程，便于学生领会整个动作要领。

【教学重点】伸、翻、拨的动作。

【动作难点】全身协调，动作连贯。

【教学建议】

(1)首先要做到持球手型正确，传球要求做到一蹬、二伸、三拨，接球要做到一上步、二迎球、三缓冲。

(2)根据具体的情况，引导学生合理选择不同的传球路线，准确地掌握传球时机，使同伴能顺利、及时地接到球。

(3)行进间传球时，要掌握好传球的提前量，以便同伴更舒服地接到传球。

3. 原地单手肩上投篮

【动作要领】投篮手五指自然分开，手心空出，用指根以上部位持球，手腕后屈，球的重心落在食指和中指之间，另一只手扶在球的外侧，持球臂屈肘，肘关节自然下垂，置球于同侧肩前上方。投篮由脚蹬地发力，持球臂向前上方抬肘伸臂，手腕前屈抖动，食指、中指用力拨球。在球出手时身体随投篮动作向上伸展，下肢、躯干和上肢连贯协调配合。口诀：翻腕托球于肩上，屈膝开立球对框，蹬地抬肘全用力，出手抖腕指拨球。

【教材价值】单手肩上投篮是篮球运动中的基本技术，是全队进攻的重要手段之一，起着组织全队相互配合的桥梁作用，是篮球教学的重要组成部分，是更好地学习各种技术和战术的基础，投篮技术的好坏直接影响到集体力量的发挥和战术配合的质量，所以必须高度重视、学习并掌握这一技术。

【教材特点】单手肩上投篮技术的基本方法并不复杂，但要做到准确、熟练、快速并不容易，同时要迅速转换衔接其他技术动作，就比较困难。应着重提高在各种情况下学生控制并支配球的能力，在巩固、提高技术的同时加强准确性、熟练性，为以后的教学竞赛和学生终身体育打下良好基础。

【教学重点】投篮的手法。

【动作难点】投篮时上下肢的协调用力。

【教学建议】

(1)投篮教学，应建立在正确投篮技术动作定型的基础上，要把投篮与其他技术及时结合起来应用，提高应变能力。

(2)重视投篮的心理训练，提高投篮命中率。

(3)在教学中让学生多做模仿动作，多做正面定点和不同角度的投篮练习。

(4)在初学阶段注意提醒学生不可操之过急，投篮的距离由近到远，循序渐进地练习。

4. 行进间运球

【动作要领】运球时手臂要前伸，屈手腕和手指，手指自然分开，用手指和指根以上部位触球，触球要柔和以缓冲球的反弹力量，控制球的高度、速度和角度，目视前方。口诀：两腿微屈体前倾，五指分开把球拍；手腕柔和缓冲球，人球配合要协调。

【教材价值】行进间运球是一个重要的教学内容，是学好篮球的一项必备技术，特别是可以提高学生参与篮球比赛的能力，从而能真正激发学生对篮球的兴趣，起到基础性的作用并对发展学生的速度、协调、耐力等身体素质有着重要的作用。

【教材特点】运球是篮球运动中最基本的技术动作。运球包括原地运球、行进间运球，根据运球时的身体姿势又可分为低位运球和高位运球。行进间运球动作比原地运球动作复杂，而且对全身动作协调能力要求较高，教学中要求教师标准地示范和正确讲解动作要领，让学生对此技术动作建立正确的概念。因为是基础内容，主要通过练习让学生体会运球动作的要领，掌握运球的动作方法，不断提高动作质量。

【教学重点】手对球的控球能力。

【动作难点】身体协调配合。

【教学建议】

(1)学生初接触运球，在教学中主要进行行进间运球的拍按方法，培养抬头运球的习惯，提高用手感来控制球和两手运球的能力。

(2)运球可结合假动作，假动作要自然、逼真，这样才能达到迷惑对手的效果。

5. 篮球教学建议

(1)在制订教学计划时要考虑学生的身心特点，在游戏中快乐地学习技术，教学应循序渐进，由易到难，关键是练习各个技术动作的衔接和连贯性。

(2)在教学中应多采用主题教学、情景教学、游戏教学等模式，激发学生的运动兴趣，提高教学效果。

(3)引导学生充分发挥自己的想象力和创造力，应以增强学生的球感为主，教师可指导学生根据图示和示范模仿练习，鼓励学生提高自练能力。

(4)在采用游戏教学时，应从实际出发，避免为追求活跃的教学气氛而盲目游戏，游戏中应考虑人数相等、实力相当，做到公平、公正地开展游戏。

(5)教师教学方法应根据学生实际情况灵活应用，讲解、示范应简明扼要、形象生动，对学生应以启发、引导、探究为主。

(6)在教学中不仅要重视传授学生运动技能知识，还要根据教材的特点，注意对学生的心理发展和社会适应能力的培养，使课堂教学目标多元化。同时，加强思想教育，严格要求。

(二)足球教材分析①

【教材概况】从目前大部分学校体育场地、器材条件上看，足球运动(特别是小

---

① 毛振明，于素梅．体育教学内容选编技巧与案例[M]．北京：北京师范大学出版社，2009.

足球)的场地器材条件基本可以满足教学要求，一个足球、一块平地即可。足球是深受学生欢迎的一项体育活动，也是终身体育的重要项目之一。

【教学价值】足球教学的任务主要是对足球的基本技术、基本战术的掌握，要求学生能做好脚内侧踢球、脚内侧运球、脚内侧停球、脚掌停球等基本技术，同时还要进行球场意识和球感的培养，良好的球场意识和良好的球感是学好各种足球技术和战术的潜在条件。因此，我们在教学中应以培养学生兴趣、球感和球场意识以及足球的最基本技术为主，在教学中也不必过分强调技术细节和肢解的技术，更不能把技能教学片面地抽象出来，使得技术和意识培养、球感训练被割裂。

【教材特点】足球运动是以脚为主，两个队在同一场地内进行的体育运动项目。它是世界上开展最广泛、影响最大的体育运动项目之一，被誉为“世界第一运动”、“运动之王”。

足球运动具有整体性、对抗性、多变性、艰辛性、易行性等特点。比赛队员思想要统一，行动要一致，形成整体攻防，在高强度、强对抗、快节奏的比赛中争夺控球权，达到取胜目的。足球技术多姿多彩，战术变幻莫测，胜负难以捉摸，场上双方队员斗智斗勇，攻守交错，演绎着精彩纷呈的比赛。

1. 球性练习

【动作要领】

(1)拖球：支撑脚在球的侧后方约 30 厘米处，脚尖朝前。拖球的脚踩住球的顶部，用前脚掌将球向后拖拉。口诀：熟悉球性最重要，踩正拖稳球跟脚，任你来抢丢不掉，练完左脚练右脚。

(2)拨球：支撑脚在球的内侧稍后约 20 厘米处，另一只脚运用脚踝抖动动作，以脚背内、外侧触球，使球向侧方或侧前方移动。口诀：左一拨，右一拨，随时变向把人过。

(3)颠球：支撑腿膝关节微屈，当球下落到膝关节高度时，颠球脚屈盘腿，脚内侧向上摆，脚内翻轻击球的底部，将球向上颠起。口诀：支撑腿，膝屈，放松膝踝踢球底部；一起一落球要稳，头肩膝部也可以。

【教材价值】培养学生的足球兴趣，使学生具有积极参与足球活动的态度和行为。

【教材特点】通过球性练习，发展学生的球感，提高学生对球的控制能力，为今后学生学习和运用新的运动技能打下基础。

【动作重点】控制球的能力。

【动作难点】动作协调。

【教学建议】

(1)讲解示范的重点应放在拖球、拨球、颠球用力的方法及触球部位上。

(2)教学的主要任务是让学生熟悉球性，练习时可与其他动作结合起来，也可以采用游戏的练习方式，提高学生对球的控制能力，培养学生的练习兴趣。

(3)学生初学时，可采用辅助器械熟悉球性练习，以增加连续完成动作的次数，减少捡球次数，提高练习趣味。在掌握颠球技术的基础上，还可以尝试用身体的各个部位来颠球。

2. 脚内侧传、接球

【动作要领】直线助跑，支撑脚踏在球的侧方约15厘米处，膝关节微屈，在支撑脚着地的同时踢球腿以髋关节为轴由后向前摆，在前摆过程中屈膝、外展，踢球脚的脚内侧侧对出球方向，小腿急速前摆，脚尖翘起，脚底与地面平行，踢球的中后部，踢球脚随球前摆。口诀：直线助跑撑球边，膝盖脚尖要外转，小腿跟随大腿摆，足弓部位把球传，伸腿迎球来，触球是关键。

接球时要根据来球的路线选择接球的位置并及时移动到位，支撑脚正对来球，膝关节微屈，接球腿屈膝外展并前迎，脚尖翘起，在脚与球接触前的瞬间开始后撤，在后撤过程中用脚内侧接触球，把球控制在自己需要的位置。

【教材价值】脚内侧传接球是足球技术中最为关键的技术，学好这一技术不仅是个人技术能力的集中体现，同时合理的传接球对控制比赛节奏、丰富战术变化都有实际意义。

【教材特点】足球有世界第一运动的美名，对于学生来说，具有极强的吸引力。脚内侧传接球动作的准确性、协调性是技术掌握的基础，在练习过程中更需要各环节密切配合，逐步提高控制、支配球的能力。

【动作重点】踢球：大腿带动小腿摆动用力，接球，迎球缓冲。

【动作难点】控制能力。

【教学建议】

(1)要让学生尝试在各种各样的情形中接球，提高学生在练习中的积极性。

(2)在教学中要让接球技术的运用和其他技术相结合，提高技术在实践中的运用能力。

(3)鼓励学生运用身体的不同部位来接球，运用比赛法检验实战中的接球效果。

3. 脚背正面运球

【动作要领】运球移动时与正常跑动时姿势相同，上体稍前倾，步幅不宜过大，运球腿提起，膝关节稍屈，髋关节前送，提踵，脚尖下指，在着地前，脚背正面部位触球的中后部推送前进。口诀：跑动放松步子小，运球弯膝提起脚。摆腿前伸绷脚尖，脚背推送球向前。

【教材价值】运球是运动员控球与进攻能力的具体表现形式，熟练掌握与合理运用运球技术，对调控比赛节奏、丰富战术变化、破解密集防守、创造射门机会都具有实际的意义。它是所有足球单项技术的基础，学习和掌握它是为了进一步学习足球技战术，为提高足球运动水平奠定基础。

【教材特点】脚背正面运球是运用广泛的运球方式，是快速推进的技术基础。该内容不仅可以提高学生的控制球能力，发展学生的奔跑素质，而且对提高学生的协调、灵敏、力量等身体素质起着促进作用，对培养学生终身体育的意识具有积极的影响。

【动作重点】脚背正面推拨球技术。

【动作难点】行进间控制球能力。

【教学建议】教学要由易到难，循序渐进。先做徒手练习和辅助练习，再做结合球的练习，逐步提高练习难度，最后过渡到运球与抢截对抗练习。

4. 脚背内侧踢球

【动作要领】斜线助跑，助跑方向与出球方向成45°角。支撑脚先以脚掌外侧着地，踏在球的侧后方20~25厘米处，膝关节微屈，脚尖指向出球方向，在支撑脚着地的同时，踢球腿以髋关节为轴，大腿带动小腿由后向前摆，脚尖稍向外转，脚面绷直，脚趾扣紧，脚尖指向斜下方，以脚背内侧踢球的后中部(踢高球时，击球的中下部)，踢球腿随球继续前摆。

口诀：支撑同时腿后摆，转体发力把腿带，脚尖绷紧小腿摆，踢在球的后下部。

【教材价值】培养学生积极参与足球活动的态度和行为，提高足球氛围。

【教材特点】脚内侧传球是足球传球中最简单、最准确的传球方法，在日常踢球中使用率也非常高。脚内侧传球在原地练习时可以分为四个步骤：助跑支撑、摆腿、触球、随摆。

【动作重点】大腿带动小腿，前摆积极，脚法正确。

【动作难点】动作用力顺序连贯，小腿加速明显，踢球部位准确。

【教学建议】

(1)当学生初步掌握了一只脚踢球后，要注意强调练习用另一只脚踢球，使学生掌握两只脚的踢球技术。

(2)在简单的条件下较正确地完成踢球动作之后，就要在移动中练习踢来自不同方向、不同性质的球，并逐渐加大难度，提高动作质量。

(3)结合实践进行对抗性练习，把踢球与停球、运球等动作结合起来，使之在实践中运用自如。

5. 足球教学建议

(1)足球教学中应把基本技术放在首位。

教学中应抓住重点和难点反复进行练习，提高对球的控制能力，激发学生对足球学习的兴趣，掌握足球的基本技能，提高学生的综合能力，有效地增进健康。

(2)足球教学中应遵循循序渐进的原则。

教学要体现“以学生发展为本”的教学理念，根据动作的复杂程度和学生的实际能力，由易到难、由浅入深、由简单到复杂，合理安排教学的顺序。

(3)讲解与示范要巧妙地运用。

在学习足球的基本技术时，讲解与示范要巧妙，使学生尽快地建立正确和完整的概念。讲解力求通俗易懂、简明扼要，表达生动形象，具有启发性。动作力求准确、熟练、优美、实效，而且要注意正确地选择示范的位置和方向。

(4)变换练习方式，体验成功乐趣。

练习中要增加游戏与比赛的因素以及与运球、射门练习相结合，提高练习兴趣和传球能力。教师创造宽松、民主的氛围，指导并激励学生进行创造性锻炼，如“运球变向”，对学生只有基本要求，没有具体的技术要求，让学生选择适合自己、自己喜欢的动作进行练习，使学生在运动中体验锻炼的乐趣，享受成功的喜悦。

(5)在加强对抗性练习的同时强调安全性。

当学生基本掌握技术动作后，应注意加强对抗性的教学和训练，在抗争中提高技术和抗争能力。经常运用教学比赛的形式或采用游戏法。运用时要考虑公平、公正，教师要履行好裁判员的职责。

(三)乒乓球教材分析①

【教材概况】学校中的乒乓球硬件条件一般可以满足教学需求，乒乓球作为国球，无论是在器材上还是在技术上都比较普及，是学生参加体育锻炼的重要运动项目之一。

【教学价值】乒乓球教学的任务主要是对基本技术、基本战术的掌握，如果学生能做好基本的发球和攻球推挡技术，就可以参加乒乓球游戏甚至比较正规的比赛，而削球、拉球等则是较高水平的技能，因此，在我们的教学中，应该以培养学生兴趣和教好接发球、推挡和攻球等最基本的技术为主。

【教材特点】乒乓球是一项集健身性、竞技性和娱乐性于一体的运动。首先，它具有较高的锻炼价值。作为一项全身运动，乒乓球所特有的速度快、变化多的特点决定了参与者在很多方面均可受益：乒乓球运动可使全身的肌肉和关节组织都得到活动，提高动作的速度和上下肢活动的能力；能有效地发展反应、灵敏、协调和操作思维能力；该项运动极为明显的竞技性特点和娱乐功能，使其成为一项培养勇敢顽强、机智果断等品质和保持青春活力、调节神经的有效运动。

1. 球性练习

【动作要领】颠球：手握球拍，手腕手指适当紧张，拍面向上，当球下落和接近胸前时，前臂向上摆迎击球。击球后还原，反复练习。

---

① 毛振明，于素梅．体育教学内容选编技巧与案例[M]．北京：北京师范大学出版社，2009.

口诀：手握球拍面朝上，胸前迎接把球挡，拍面角度调整好，击球用力要恰当。

挡球动作要领：离墙 1 米左右，手握球拍。前臂略外旋，调整拍面对准球，当球下落接近胸前时，手臂主动向来球方向前伸迎击球，击球后及时还原，反复练习。

【教材价值】在学习乒乓球各种击球技术之前，要先做熟悉球性的练习，以打下良好的基础。熟悉球性练习可以发展人的灵敏、协调等素质。

【教材特点】由于乒乓球小、弹性大、难以控制，初学乒乓球时，不是击不中球，就是击球出界或落网，很难将球打到对方台面。因此，在学习乒乓球各种击球技术之前，最好先做球性练习，打下良好的基础。

【教学重点】握拍方法，击球时机。

【教学难点】击球力量，控球能力。

【教学建议】

(1)教师示范领做，使学生正、背面都能看清动作。

(2)教师要提示学生握拍的要点，学生学习握拍时要按动作要领相互纠正。

(3)充分发挥学生的想象力，让学生创编多种熟悉球性的练习。

(4)在教学活动中，教学手段、练习方法要求多样化，避免竞技教学模式化。教师可以用提问法、尝试练习法、讨论法等，激发学生学习的积极性和主动性，提高学生动作技能水平。

2. 推挡球

【动作要领】

(1)正手推挡：近台中偏左站位右脚稍前，击球时提起前臂，上臂后收肘部贴近身体，在上升期或高点期击球中上部。击球时适当用伸髋转腰动作加大手腕发力，并用中指顶住拍背向前用力。

口诀：小臂前伸去迎球，球拍角度调整好，平行台面推挡球，击球瞬间手稍高，推挡还原要正好。

(2)反手搓球：近台站位右脚稍前，持拍手臂自然屈曲。击球时用前臂和手腕向前下方用力，拍面后仰，在下降期击球中下部。

【教材价值】推挡球是我国直拍快攻打法的基本技术之一，在左推右攻技术中占有极其重要的位置。挡球又分为正手挡球和反手挡球两种，在相持或防御时使用能起到调动对方和助攻的作用，它可以帮助初学者熟悉球性，认识乒乓球的击球规律，提高控制球的能力，是初学者的入门技术。

【教材特点】其特点是力量小，球速慢，落点适中，不旋转或轻微旋转。挡球动作简单，容易掌握。特点是站位近，变化多，速度快，动作小。

【教学重点】球拍半横，前臂外旋前伸迎击球，出手迅速。

【教学难点】准确判断落点和击球时机。

【教学建议】

(1)推挡时步伐的到位是提高推挡球质量的前提，推挡时步法的站位注意平行或左脚稍稍靠前，利用髋关节转动发力。

(2)运用示范、录像、挂图等手段适当讲解，或将动作要领概括为口诀或编成顺口溜，帮助记忆，明确动作要点。

(3)搓球时动作不宜过大，教师应注意提醒学生利用前臂和手腕进行控制与用力。

(4)结合游戏比赛，提高学生对乒乓球运动的兴趣，更好地掌握这一基本功，如在规定时间内的推挡比赛等。

3. 平击发球

【动作要领】站位近台，发球时，持球手将球向上轻轻抛起，高度适宜，同时，持拍手后引，上臂自然靠近身体，拍面垂直，球落至网高时，持拍手前臂向前挥摆，撞击球中部或中上部，击球后，姿势还原。

口诀：左手抛球要平稳，同时球拍向后引，前臂主动向前挥，球拍击球稍前倾。

【教材价值】平击发球是一种一般上旋、一般速度的发球，它是初学者最基本的发球方法，也是掌握其他发球方法的基础。

【教材特点】平击发球不会使球发生强烈旋转，对方容易回接，回接后进行正手攻球或反手推拨很容易形成来回球，使初学者很快对攻球和反手推拨形成正确的“动力定型”。

【动作重点】击球动作方法。

【动作难点】击球动作连贯。

【教学建议】

(1)向学生介绍发球的简单规则，讲述发球在比赛中的重要性。

(2)对于初学者要尽量利用他们的各种器官感知动作形象，使其形成清晰的印象，以达到掌握正确击球的目的，因此直观教学和示范讲解很重要。

(3)练习形式要多样化，要与接发球相配套，组织学生进行游戏和比赛，提高练习效果。

4. 正手攻球

【动作要领】近台中偏右站位左脚稍前，身体对球台，持拍手自然放松置于腹前，拍半横状。顺来球路线略向右侧引拍，约与台面齐高，拍面与台面约成80°，前臂与台面基本平行。当球从台上弹起，持拍手由右侧向左前上方挥动，以前臂快速内收发力，配合手腕内转沿球体做弧线挥动，在上升期击球的中上部，击球位置在身体右前方一臂距离处。

口诀：向后引拍看来球，挥拍由后向左前，小臂挥拍要积极，攻完球后要还原。

【教材价值】正手攻球是乒乓球技术的重要组成部分，它是各项技术中的核心，在比赛中常常使对方陷入被动和失误，是比赛中争取主动、克敌制胜的重要手段。各类打法都必须掌握攻球技术。

【教材特点】正手攻球是乒乓球运动进攻的一种主要技术，具有速度快、力量大、攻击性强、应用范围广泛等特点，深受广大学生的喜爱。

【动作重点】挥臂击球的动作方法。

【动作重点】挥臂击球路线及击球时机。

【教学建议】

(1)在教学中，教师要考虑到会出现个体上的差异，要及时调整教学方法与练习方法。要根据学生的特点，鼓励学生形成不同风格的打法。

(2)在教学中可先做台下上肢模仿练习，并结合简单步法做模仿练习，然后过渡到台上一发一攻练习或一攻一挡练习。

(3)要根据学校的具体条件，组织形式多样的练习方法，以提高学生的动作技能水平。

5. 乒乓球教学建议

(1)以游戏为主要形式，激发学生对乒乓球的兴趣，自觉、积极地投入运动中去。

(2)在乒乓球教学过程中，要根据乒乓球运动的特点，注意发展学生的灵敏性和协调性，增强体质，培养学生顽强、机智、果断、团结拼搏、奋发向上的品德与情操。

(3)通过多媒体教学，让学生观看精彩激烈的比赛录像，开阔眼界和提高模仿能力。

(4)讲解力求通俗易懂、生动形象、富有启发性，符合学生的心理与智力发展水平。

(5)教师应及时分析产生错误动作的原因，然后采取相应的纠正对策，要对学生耐心细致、热情帮助，并注意循序渐进。最好在讲解和示范时就让学生知道可能出现的错误，注意力集中在正确动作想象上，尽量减少错误动作出现。一旦出现错误动作或错误动作已经形成，教师要区别主与次、关键和一般、现象和实质，抓住主要矛盾，做到有的放矢。

(6)在整个教学过程中，应多肯定学生的进步，避免伤害性的话语。

(7)为防止伤害事故发生，在练习前务必有针对性地做好充分的准备活动。

(四)武术教材分析①

【教材价值】武术运动的实际健身价值及其在青少年学生中的教学推广，促进

① 毛振明，于素梅．体育教学内容选编技巧与案例[M]．北京：北京师范人学出版社，2009.

了我国武术文化的不断传承及全民健身运动的持续发展。武术作为一种内外兼修的健身方法，长期坚持不仅能够强身健体，增强肌肉力量和关节柔韧性，而且能明显改善呼吸系统、神经系统的机能，起到保护心血管系统的作用。

【教材特点】我国地域辽阔，民族众多，几千年的历史和传承使得武术形成了繁多的拳种和流派。每一拳种或流派的内容是非常丰富的，很多拳种流派都有功法、徒手和持械的套路、对练套路和实用散手等练习方式。武术动作复杂，要领精细繁多，具有实用性的特点，深受学生喜爱。

【教学重点】五种步型、步法和三种手型动作正确，动作规范，套路连接熟练。

【教学难点】手随眼行，动随意行，身随步，步随势，节奏流畅。

【教学建议】

(1)武术基本功教学应采用划分阶段法。①

第一阶段：初级阶段，主要有手型、步型、基本动作等内容教学。

第二阶段：在第一阶段的基础上，不断提高动作要求与难度，进一步规范动作。

第三阶段：巩固提高阶段。对已学内容，采用游戏、比赛等多种教学手段不断强化，反复磨炼。

第四阶段：应用阶段。通过以上三个阶段的教学与训练，使学生对武术基本功初步形成概念，并掌握一定的基本动作和基本技术。在此基础上，进行手型、步型、基本动作综合练习，为以后的套路学习打下良好的基础。

(2)从一般到重点的分解动作练习，是武术难度动作教学时经常采用的一种方法，这种方法就是让学生从简单易学的分解动作学起，以激发学生的兴趣和积极性，提高学生练习的信心，从而降低学生对难度动作学习的畏惧心理。

(3)武术教学中，示范与讲解是最主要的教学方法。根据武术教学的特点，教师示范可以直观地使学生了解动作形象、结构和神态。正确、优美的示范可以提升学生学习的兴趣和积极性。

(4)在进行基本功教学时，教师要结合本校情况，充分利用现有条件和器材教学，若条件不具备，也可采用原地个人或双人配合的练习手段。

(5)完整教学法便于使学生一气呵成地掌握动作整体。但是对于难度较大、变化复杂的动作则不易使学生正确地掌握动作要领。因此，对于学习结构简单、难度不大的动作和对基础较好的学生进行教学时可采用完整教学法。

(6)科学选择有针对性的辅助练习与身体素质练习。教师可以针对不同学生的情况采用有针对性的练习。

武术套路一般由若干个动作组成，包含动作的方向路线、架势结构、劲力特

---

① 刘传进．小学体育与健康教材教法[M]．北京：高等教育出版社，2010.

点、停歇顿挫、心志意向等要素，要通过一定的教学步骤让学生逐步掌握动作。

(五)排球教材分析①

【教材概况】从目前大部分学校体育场地、器材条件上看，排球运动的场地、器材条件基本可以满足教学要求，而且排球运动不太受场地的限制，器材也比较简单并可以替代，是学生未来参加社会体育的主干运动项目之一。

【教学价值】排球教学的任务主要是对基本技术的掌握，这是因为排球的基本技术很重要，如果学生能做好垫球、传球和下手发球，就可以较好地参加排球游戏甚至比较正规的比赛，而扣球、拦网等则是在较高水平上的技能。因此，在我们的教学中，应在培养学生兴趣和教好垫球、传球和下手发球等最基本的技术的基础上根据学时安排扣球、拦网等较高水平的技能学习。

【教材特点】排球的乐趣是多次传球和相互的配合、进攻的成功(在正式排球比赛中则体现为网上的激烈往返)，因此在教学中要让学生在掌握技能的同时，经常地体验到个中乐趣，要在“玩法”上进行创新，在规则上进行各种改动和变化，在场地和器材的安排上进行巧妙地设计和布置。由于排球是身体不大接触的隔网类体育运动，因此学生因身体条件表现出的能力差距不明显，有利于让不同身体条件的学生都体验到运动的乐趣。

1. 正面双手垫球

【动作要领】当来球时两臂夹紧前伸插至球下，双手采用叠掌式或抱拳式手型，两前臂靠拢稍往外翻形成垫击平面，含胸提肩，手腕下压，同时蹬腿、提腰、抬臂，利用前臂前半部把球垫起。

口诀：对准来球做准备，插夹抱抬稳又准。

【教材价值】正面双手垫球是指双手在腹前垫击来球的一种垫球方法，是各种垫球技术的基础，是接发球和防守的最常用的主要技术。起着组织全队相互配合的重要桥梁作用，垫球技术好坏直接影响到集体力量的发挥和战术配合的质量。

【教材特点】垫球技术是排球运动中最主要的基本技术，垫球技术的击球部位和击球手臂及身体的正确姿势、用力顺序决定技术掌握的质量。基本技术看似简单，但有效控制球则有一定难度。

【动作重点】垫球手法，用力顺序。

【动作难点】身体与手臂协调控球能力。

【教学建议】

(1)学习排球运动的技术，应该准确掌握排球运动的规律，了解不同的技术表达的内涵。因此在教学设计时除了有针对性地进行技术训练外，还应该注意在不同

---

① 毛振明，于素梅．体育教学内容选编技巧与案例[M]．北京：北京师范大学出版社，2009.

情况下合理地使用技术。

(2)初步掌握垫球技术后，与其他技术动作结合起来组织练习，活动形式要多样，与游戏、比赛相结合，激发学生的兴趣和参与欲望，引导学生发现问题、解决问题，获得知识。

2. 下手发球

【动作要领】下手发球一般分为正面下手发球和侧面下手发球。

(1)正面下手发球。发球前面对球网双腿前后开立，左脚在前，两膝微屈，重心落在右脚，左手持球于腹前。发球时，左手将球抛起约25厘米，同时右臂后引，当直臂摆至腹前时，用全手掌或掌跟击球的后下部，随即重心前移，顺势进入场区。

口诀：面对球网要站好，左手将球轻抛起。右手同时向后摆，后脚蹬地往前移，右手前摆去击球。

(2)侧面下手发球。发球前左肩对网站立，两脚左右开立，上体正直，重心落在两脚之间，左手持球于腹前。发球时，左手把球平稳抛送于胸前，距身体约一臂距离，高于手约30厘米。在抛球的同时右臂摆至右侧后下方，利用右脚蹬地转体的力量带动右臂向前上方摆动，在腹前用掌跟击球的右下方，并随击球动作顺势进入场区。

口诀：侧对球网低抛球，抛在腰前一臂处，右臂同时侧后摆，蹬转摆臂击准球。

【教材价值】发球是排球运动中一项重要的基本技术。它是比赛的开始，也是重要的进攻手段。发球质量的好坏，直接影响着对方的一传，一传质量不好会大大影响技战术的发挥。所以学好发球技术是排球教学的重点之一。有威力、攻击性强的发球，不但可以直接得分，起着先发制人的作用，而且还可以破坏对方组织进攻战术。此外威力大的发球还能振奋精神，鼓舞士气，打乱对方的阵脚和部署。

【教材特点】排球运动是一项技术性较强的项目，大部分同学要想在短期内学会排球的垫球、传球、发球等一系列排球专业技术，难度较大。在排球正面下手发球的技术中手击球的部位与击球时手腕旋转的角度是影响发球质量的关键所在，正确的击球部位应是在球的后下方，如果偏下球就会向上飞行，而不能过网；如果偏上，球就会下网；如果偏左或偏右，球就会向旁边飞行。手腕旋转角度的大小与击球后球的飞行方向也是密切相关的。

【动作重点】击球手法。

【动作难点】抛球稳、击球准、手法正。

【教学建议】

(1)在教学过程中，应遵循循序渐进的原则，根据技术动作的复杂程度和学生的具体情况，由易到难，由浅入深，合理地安排教学的顺序。

(2)教学方法多样化。可根据教学内容、场地、器材设备和学生的实际情况，采取游戏性、竞赛性或采用分解教学法与完整教学法相结合的形式进行。

(3)利用排球集体性的特点，进行思想教育，培养群体意识和团结与协作、友爱的良好作风。

二、简教类教材分析

(一)韵律体操

【教材价值】韵律体操和舞蹈不仅是体育课程的重要内容，更是校园体育文化的重要组成部分，它既具有锻炼身体、增强体质、陶冶情操的价值，又具有培养学生正确身体姿态的特殊功能。

【教材特点】

韵律体操可以有效地把音、体、美有机地结合在一起。它包括模仿律动、舞蹈基本动作、集体舞和韵律体操等内容，深受喜爱。它既具有健美的形式和风格，反映时代的精神风貌，又具有教育性和民族性等特点。

【动作重点】身体基本姿态。

【动作难点】身体的协调性。

【教学建议】

(1)在教学中应根据学生的具体情况，恰当、合理地选择教学内容和运用教法，因人而异。由于韵律体操动作类型很丰富，在教学中应注意安排好教学秩序，注意其内在的系统性。

(2)教师要了解每套韵律的动作结构和特点，明确学生的培养和发展目标，要根据学生的实际能力，有针对性地确立教学目标，并认真完成教学目标。

(3)在韵律体操的教学中，要有利于促进身体全面均衡地发展，使身体的各部位都得到适宜的锻炼，合理地安排运动负荷和动作的练习顺序。另外还要注意季节、气候的变化以及在一节体育课里与其他教材的搭配。

(4)学生练习可采用个人练习、分组练习和集体练习等多种形式，既要让学生独立体会，又要提倡协作学习；既要求个人动作正确优美，也要强调集体配合，整齐划一。

(5)韵律操也是一种表演艺术，它的每一个动作都有其内在的表现内容，它不仅体现在动作的用力程度和幅度的大小以及全身协调配合上，还表现在对音乐的感受和对动作的理解上。因此，在教学中应重视学生基本姿态、基本动作、表现力、节奏感的训练。

(6)在教学中，动作示范要根据动作的特点和难易程度合理选择示范方法。单一动作可采用镜面示范；动作方向和路线复杂变化的动作可采用背面示范。动作要领的讲解顺序一般是先下肢后上肢，讲解要结合示范动作逐拍讲解。分解教学时一般先下后上，先左后右。

(7)在创编成套动作时，要反映韵律操的发展趋势，要根据不同的需要选编一些动作新颖、结构合理、姿态优美、有创新意识的新动作。

(二)舞蹈

【教材价值】舞蹈是一种有节奏、有造型、有表情、有美感的人体运动。通过舞蹈教学，充分发展学生的表现力、观察力、注意力、模仿力和活泼愉快的情趣，培养身体的正确姿势和协调性，陶冶美的情操，锻炼身体，愉悦身心。

【教材特点】学生舞蹈教学内容由简单的基本舞蹈动作和几个民族的典型舞蹈动作组成。需要和音乐有机结合。

【动作重点】学习舞蹈技能和培养兴趣。

【动作难点】动作协调能力和动作与音乐配合的节奏感。

【教学建议】

(1)首先，跳舞时鞋必须坚固而又不失弹性，有良好的弧形和加固的后跟。冬天上课也不宜穿戴太多、太厚，可以穿上紧身长内衣。在任何季节都不要穿不吸水的汗衫。

(2)在低年级的教学中，主要以动作为主，教师要根据学生的身心特点科学编排组合，提高学生练习的兴趣；进入高年级可以选择一些民族舞蹈进行合理组合，有助于培养学生对民族文化艺术的热爱。

(3)舞蹈教学中，应注意加强基本动作的练习，尤其是身体的基本姿势、各部位的位置和运动路线要反复进行练习，做到准确、优美、舒展大方。同时应注意各动作的区别和联系，合理安排教学顺序，充分发挥各动作的有利影响，避免可能出现的干扰。

(4)教学内容的选编要适合学生的心理和生理特点，教学内容应由浅入深，循序渐进。

(5)在舞蹈教学中，要注意动作与音乐的配合，在选配音乐伴奏时，应注意音乐的旋律通俗易懂，曲调健康优美，使其与动作融合在一起，达到声情并茂的目的。

(6)在教学中，应注意培养学习骨干或小组长，特别是在集体舞蹈教学中，骨干的作用尤为重要。不仅如此，还要重视学生的创造力，多用鼓励的方式启发学生积极动脑，积极表现自己。

三、介绍类教材分析

(一)原地推铅球

【动作要领】背对投掷方向，躯干和肩带向右转，上体前倾(根据腿部力量而定)，重心在右腿上，左臂和左肩前伸并稍向内扣。

口诀：蹬、挺、顶、推。

【教材价值】推铅球是发展学生力量素质、协调素质和投掷能力的运动项目之一，是体育院校招生考试项目之一。通过练习主要锻炼上肢、肩背肌肉韧带、发展力量素质和协调性，在投掷过程中，不仅要运用手臂的力量，还要运用两脚蹬地的力量和身体各部分肌肉的力量，特别是腰腹力量，对增强学生体质、提高学生的体能、运动技巧会起到积极的作用。

【教材特点】具有方便教学，简单易学的特点。

【教学重点】蹬腿转髋，推手换腿。

【教学难点】学生身体各部位正确用力的顺序、学生身体各部位力量的组合，即后下向斜上快速蹬腿—转体—挺胸—顶肩—伸臂—倒腕—拨指的用力顺序。这是学生容易理解但很难掌握的动作技术，所以把它定为难点。

【教学建议】

(1)教学中主要是使学生学会由下至上各环节依次协调用力将铅球推出，并通过练习发展有关肌群的力量，因此，要始终抓住最后的用力环节进行教学。

(2)在教学开始阶段，一定要突出用力顺序的教学。在掌握正确的用力顺序的基础上，再强调出手速度。低年级学生进行练习时，应多采用垒球、实心球和小铁球等进行练习，逐步过渡到用铅球。

(3)在推铅球的教学中要注意结合发展力量素质，以逐步提高学生的投掷能力。

(4)要始终注意加强学生安全教育，练习时要提出明确的安全要求，做到服从指挥，按要求练习，以避免发生伤害事故。

(二)原地投掷垒球

【动作要领】面对投掷方向，右手持球于头的右前上方；身体向右转，右臂靠近身体下向后引球，右脚蹬地、转髋、挺胸，身体左转，重心前移，左腿积极蹬伸，转髋挺身，挥臂将球经肩上快速投出。

口诀：转体、蹬地、挥臂。

【教材价值】原地投掷垒球是田径运动中的投掷项目之一，是一项历史悠久的运动形式，伴随着人类的生产劳动而逐渐发展起来，展现了力与美的完美结合。它对锻炼和发展学生上肢力量、爆发力、协调性等都起着十分重要的作用。同时，学生通过练习不仅可以使身体得到发展，而且可以在练习中感受到体育运动的力量之美、运动之魂，促进学生对体育运动的感情认同，达到自主练、主动究的目的，从而启蒙学生终身体育的意识。

【教材特点】投掷也是中小学基本教材之一，是锻炼学生上肢力量与肩带灵活性很好的练习形式。原地投掷动作，从小学低段就开始安排课程，三至六年级逐步提高技术要求。教材编写采用由浅入深，由简单到复杂，逐步提高的纵向编排方式。

【动作重点】蹬地、转体、挥臂。

【动作难点】身体的“满弓”姿势。

【教学建议】教学中要求学生持球手尽量向后引伸，重心向后移动，肘关节外展。当学生掌握挥臂动作后，鼓励学生尽量向远处投掷。教师可在操场上多画出几条平行线，放上标志物，让学生能随时看到自己的进步。

四、锻炼类教材分析

(一)走

【动作要领】上体保持正直，自然挺胸，眼看前方，两臂前后自然摆动，两脚交替向前迈步时，脚跟先着地，然后迅速过渡到前脚掌着地并蹬离地面。口诀：挺胸抬头腰放松，自然摆臂健步走。

【教学价值】走的教材是低年级体育与健康课程中发展体能活动的主要内容。通过走的教学，对发展学生的体能，培养学生走的正确方法，形成正确的姿势和良好的身体形态有积极的促进作用。

【教材特点】走是走路、走步、步行、散步和竞走的总称。走是人接触最早的运动形式，也是人终身都在进行的身体运动，而且它的形式多种多样，受场地、器材的影响很小，因此，走可以在各地区开展，同时走的健身价值已经越来越被人们重视，它是社会体育的主要内容之一和重要的锻炼手段。

【动作重点】三正直(体直、头直、迈步直)。

【动作难点】上、下肢协调配合。

【教学建议】

(1)在各种姿势自然走的教学中，教师要讲清楚正确自然走的方法和要求，并采用多种教学方法手段和组织形式，提高学生的学习兴趣和教学效果。

(2)练习前，可让学生原地做各种手、臂变化动作。练习时，教师应不断地向学生提示动作要领。可根据动作要求编制一些儿歌，让学生边唱边走，也可结合各种图形走进行教学。练习时可让学生个人和小组分散进行尝试，体验不同形式的走。

(3)在走的教学中，教师应创造性地多采用游戏的方法，使学生学得有兴趣，提高学生学习的主动性和积极性。在群体和个体的活动中，形成良好的合作伙伴关系。

(4)在走的教学中，教师要特别重视培养学生的观察力、想象力、模仿力和创造力，鼓励学生敢于表现自我、展现自我，采用各种手段调动学生学习的主动性和积极性。

(二)跑

1. 自然站立式起跑

【动作要领】口令，“预备，跑!”。当听到“预备”时，站在起跑线后，两脚前后自然开立、前脚靠近起跑线，上体稍前倾，两腿微屈，两脚均用前脚掌着地。双臂自然屈肘一前一后放于体侧。当听到“跑”的信号后，迅速向前跑出。

口诀：两脚前后自然站，上体前倾稍侧弯，用力摆臂猛蹬地，快速跑出如飞箭。

【教材价值】自然站立式起跑是体育教学的重要内容，是低年级学生结合快速跑教学的一种最基本的起跑方法，也是最简单的自然式起跑的动作。这项练习可以为今后快速跑的学习打基础。

【教材特点】“起跑”是一种迅速摆脱原有状态，向既定方向移动的技术，其发展的是学生的反应能力，让学生充分掌握起跑重点。其内容本身比较枯燥，但结合学生喜欢的游戏和好听的音乐，学生的学习兴趣将得到很大的提升。

【动作重点】上肢与下肢的协调配合。

【动作难点】快速反应能力。

【教学建议】

自然站立式起跑是小学低年级教材，也是最基本的起跑方法。教学的重点是要求前腿的异侧手在前，听到口令后能迅速地摆脱身体的静止状态，快速向前跑出。在教学中，不要在动作的细节上下工夫，要把自然站立式起跑与快速跑的练习紧密结合起来。

2. 30 米快速跑

【动作要领】跑的速度由慢到快逐渐均匀加速，直到达到最快速度。当加速到最快速度时，放大步幅逐渐减慢节奏。在跑的过程中保持跑的正确姿势。

口诀：后蹬有力稍前倾，后蹬充分腿抬高；肘成直角前后摆，线直步大频率快。

【教材价值】这项练习是发展跑的最基本的内容，对学生改善神经和肌肉系统的功能，发展学生的灵敏、速度、力量和协调素质，促进学生的身心发展具有重要作用，有很高的实用价值。

【教材特点】短跑是体育教学中最基本的主教材之一，其贴近学生生活、满足学生需要、发展奔跑能力的特点，在启迪学生竞争意识、正确面对胜负、尊重同伴上尤为突出。

【动作重点】蹬摆动作配合。

【动作难点】直线跑进。

【教学建议】

(1)30 米快速跑是培养学生跑的正确姿势、发展速度、提高快速跑能力的一项重要内容。教学中，应采用多种组织形式和教法，特别是多采用游戏法来提高学习的兴趣。

(2)教学开始时，教师应讲清楚加速跑的含义和方法。加速跑教学前，教师可按口令或信号让学生按自然均匀加速的节奏由慢到快进行原地跑步练习，体会均匀加速的感觉。

(3)结合自然站立式起跑进行练习，逐渐延长快速跑的距离，以提高快速跑的能力。

3. 各种跑的教学建议

(1)跑的教材是发展体能的活动与内容。低年级跑的教学，主要是通过各种形式的自然跑，使学生初步掌握正确的自然奔跑的能力，培养正确自然跑的身体姿势，发展灵敏、速度和一般耐力素质，提高奔跑能力。教师不应过于强调对跑的竞技性技术的要求，立足于培养跑的正确姿势，发展学生自然跑的基本活动能力，使学生跑得正确、自然、放松、协调、持久，使他们的身心得到全面发展。

(2)快速跑教学时，应多采用兴趣性、游戏性的方式进行练习，如各种姿势快速反应跑、追逐跑、结伴跑、接力跑等，提高快速奔跑的能力。在进行各种方式跑的练习时，要提示学生保持跑的正确姿势。场地小的学校，可采用往返跑或规定一定距离的鱼贯跑的形式进行练习。

(3)在接力跑练习前，教师应先让学生掌握正面立棒传接的方法，即用右(左)手传棒、右(左)手接立棒的方法，做到错肩交接棒，以免发生身体碰撞。教学前，教师要讲清活动的方法、规则和要求。如必须听到教师口令后排头才能跑出；起跑时，必须站在起跑线后。接力跑中的换物，形式多样，可采用多种多样方法进行练习。在活动中要加强思想和安全的教育，建立必要的教学常规。注意表扬和激励学生团结协作、遵守纪律的好作风，并引导学生积极思维，培养学生的观察力、判断力和应变能力。

(4)障碍跑教学是通过游戏化的自然跑练习，保持正确的姿势，发展自然奔跑的能力。同时让学生通过穿越简单障碍的方法，培养学生的灵敏性、协调性以及克服困难、团结合作的能力。因此，教学中，应紧紧抓住自然跑的要点，在游戏活动中，不断提示学生注意身体姿势，发展自然奔跑的能力。

(5)各种跑的教学，课前都要注意做好准备活动，课后要做好整理活动。准备活动要充分，使肌肉、关节、韧带等运动器官和身体各系统活动充分，使身体机能逐渐提高，以适应剧烈活动的需要，提高教学效果，防止意外事故的发生。练习结束后，要做一些放松练习，特别是下肢要重点放松，使全身各器官系统尽快得到恢复。

(6)好的教学，既要注意对全体学生统一要求，又要根据不同性别、身体状况、个体差异等因素区别对待。对于体质差的学生要允许适当调整运动量和运动强度，对患有心血管疾病的学生，更应该特别注意，要限制其参加剧烈的活动。

(三)跳跃

1. 蹲踞式跳远

【动作要领】助跑、起跳、腾空后，将起跳前腿与摆动腿并拢。两腿屈膝上提尽量靠拢胸部，在空中成蹲踞动作，快落地时，小腿积极前伸；落地时，上体前倾，双脚落地，屈膝缓冲，两臂由体前经体侧积极向身后摆动，保持平衡。

口诀：助跑跳起成弓步，两腿屈膝靠胸部，伸脚落坑臂后摆，上体前移勿后倒。

【教材价值】跳远是腾跃远度超越水平障碍跳跃项目。它是通过快速的助跑和迅速有力的起跳，把助跑获得的水平速度和踏跳获得的垂直速度有机地结合起来，使人体腾跃一定的远度。跳远对培养学生快速奔跑的能力，提高弹跳力，发展下肢力量以及灵敏和协调等身体素质有积极作用。对升华勇敢、果断等意志品质，战胜自我，发展体能，提高生活技能，促进社会适应能力的发展有促进效果。

【教材特点】蹲踞式跳远是跳远姿势的一种，动作简单、自然，它是通过直线助跑，以单脚起跳，跳起后跨步飞跃滑行到最高点成"蹲踞"姿势，再向远处伸腿双脚落地。其动作方式与日常生活中跨越障碍(如很窄的壕沟、水沟等)的方式相接近，适合初学者采用，可以把它作为开始学习跳远的姿势，也是进一步掌握高难技术的一种过渡手段。蹲踞式跳远是中小学阶段田径运动中跳跃类教材的主要学习内容之一，很受学生喜爱。

【动作重点】助跑与起跳相结合的技术。

【动作难点】助跑快，步点准，起跳积极有力，上下肢配合协调。

【教学建议】

(1)蹲踞式跳远练习应以完整技术为主，加强助跑与起跳相结合技术的练习。教师要适当做一些完整示范，帮助学生建立起正确的技术概念。

(2)在教学中，使学生明确了技术概念后，要紧紧抓住"结合"这个环节进行练习，并逐渐加以掌握，然后与空中动作衔接。

(3)为提高练习的兴趣，可采用游戏或比赛的形式进行练习。

2. 跨越式跳高

【动作要领】助跑为直线，助跑方向与横杆的夹角在30°~45°，助跑距离为5~9步，摆动腿一侧靠近横杆。助跑速度逐渐加快，最后一步要大些，用起跳脚起跳。起跳时起跳脚稍屈膝，先以脚跟着地，过渡到全脚掌，再以前脚掌迅速蹬地，同时摆动腿向前上方摆起，两臂随之上摆，上体前倾使大腿靠近胸部。当身体重心越到最高点时摆腿过杆并内旋下放，同时起跳腿外旋上提，上体适当前倾并稍向起跳腿方向扭转，使臀部顺利移动过杆。起跳腿越过横杆后，摆动腿和起跳腿依次落地。

【教材价值】跨越式跳高是最简单的跳高技术，接近生活中跑与跨越的自然动作，具有一定的实用价值，它不仅可以健体强身，还可以提高身体的灵敏性、协调性、柔韧性，使人轻盈矫健，既健身又健美。学生可以在跳跃中充分发展跳跃能力，锻炼身体、培养意志力、促进身心健康发展。

【教材特点】跨越式跳高是体育教学的基本项目之一，同时也是学生喜爱的体育项目，它是最接近生活中跑与跨跳的自然动作，其动作结构可分为助跑、起跳、过杆和落地四个部分，这四个部分是相互联系的有机整体，不能截然分开。它的具体动作是通过助跑、起跳，使身体向空中腾起，并越过一定高度的横杆。起跳时要求腿迈步要快，脚后跟先着地，踝、膝、髋三关节超越肩关节，并充分蹬直，摆动的两臂和腿要积极配合起跳，腿的蹬地动作迅速有力，上下摆起，同时提肩、拔腰。

【动作重点】助跑与起跳结合动作。

【动作难点】摆动腿过杆时内旋下压，全身配合协调。

【教学建议】

(1)在教学开始前，教师应通过讲解和示范，或挂图、录像，使学生初步了解跨越式跳高完整动作的过程，低年级学生学习跨越式跳高可以先从一脚踏跳、两腿蹲屈、轻巧落地抓起，强化学生单跳双落的意识。

(2)在练习中，不强调固定踏跳脚，应让学生两脚都进行踏跳练习，使学生的下肢得到匀称的发展。在教学中可根据学生的素质情况，设置不同的高度，或让学生自己制定目标、自主锻炼，教师鼓励学生挑战更高的难度，使学生既能很好地掌握动作，又能体验到成功的愉悦，不断挑战自我。

(3)教学中应采用多种手段和游戏竞赛法进行练习，以提高学生的练习兴趣。

3. 各种跳跃教学建议

(1)在跳跃教学中，要把跳跃教学与游戏紧密结合起来，使其内容丰富、形式多样、趣味性强和富有竞争性，整合和挖掘现有教育资源，创新各种教学方法，激发和强化学生参与的积极性和主动性。

(2)在教学中，要以跳远和跳高为主要教材，有针对性地选择各种有效发展学生腿部能力和弹跳能力的教材，选择合适的教学手段和教学方法，有效地把游戏与各种跳跃练习结合起来。

(3)要使学生跳得远、跳得高，必须注重助跑与起跳结合技术的教学，在教学中要贯穿始终，并不断发展学生的奔跑速度和跳跃能力。

(4)以完整教学法为主，结合分解教学，突出学练结合。

(5)从实际出发，灵活选择教材内容，发展学生个性，培养小学生善于沟通、互相学习的品质。教师应采用多种组织形式和手段，加强个体与群体、分散与集中、规则性与自主性练习，为学生创造更多的交流与合作的机会，提高他们的社会适应能力。

(6)在教学中，要完善教学次序和安全活动，科学、合理地安排运动量。坚持以学生为本，确实提高课堂教学效果与质量，达到学习技术和提高身体素质的目的。

(四)游戏

【教材价值】游戏是深受学生喜爱的活动项目，它不仅能全面发展学生的身体素质和基本活动能力，巩固已掌握的运动技术、技能和技巧，而且还可以通过丰富多彩的内容和生动活泼的形式，培养学生勇敢、坚强、果断的意志品质以及遵守纪律、团结协作的精神和创新能力。

【教材特点】体育游戏教材内容丰富多彩，形式活泼多样，并融走、跑、跳、投等多种身体活动为一体，非常适合中小学生的身心特点。体育游戏教材具有多功能特性，体育游戏教材的多结构特性按内容可分为奔跑游戏、跳跃游戏、投掷游戏、对抗与负重游戏、球类游戏等；按提高身体素质可分为力量性游戏、耐力性游戏、速度性游戏、灵巧性游戏等。

【教学建议】

(1)在进行游戏教学时，要正确认识事物的客观规律，精心创设和丰富学生的学习情境，教师启发性的语言会使学生联想自己生活中积累的表象，产生强烈的角色体验感和浓郁的学习兴趣，从而提高体育意识与能力。

(2)游戏的时间一般比较短，因此在选择引导人与分队方面都应力求简单。

(3)游戏应在教师规定的信号下开始。在进行中，教师应观察游戏者的行动，及时补充说明游戏的方法和规则，使游戏能正确地进行。

(4)游戏结束时要进行及时点评，在总结时，评定要公正合理，要肯定成绩，提出不足，以使参加者通过游戏的教育学到知识和技能。

思考题：

1. 简述体育教材的类型、特点。
2. 我们应该怎样选择和把握体育教材？
3. 试选一教材，分析水平层次间的不同应用。

参考文献

[1]宋江东，吴嘉玲．我国清末至建国前学校体育课程目标的价值取向[J]．体育文化导刊，2006(5)：74-77.

[2]孙宽宁，徐继存．我国课程论教材建设90年反思与展望[J]．课程教材教法，2012(12)：3-11.

[3]梁汉平．美国中小学体育课程计划的变化及其启示[J]．体育文化导刊，2013，20(1)：74-77.

[4]孙秀宁．美国中小学健康教育教师专业化发展研究[D]．山东师范大学硕士学位论文，2010.

[5]姜镇英．美国学校健康教育一瞥[J]．体育科学，2003，23(1)：140.

[6]郭华．课程标准的一个优秀范例——澳大利亚杖术领域课程标准评介[J]．比较教育研究，2005(8)：69-70.

[7]姜峰．加拿大大不列颠哥伦比亚省2007年初中体育课程标准评析[J]．西南大学学报(社会科学版)，2009，35(5)：91-92.

[8]何艳生．鹤壁市普通高中《体育课程标准》实施现状调查研究[D]．上海体育学院硕士学位论文，2011.

[9]王韶峰，孙庆祝．俄罗斯普通教育体育课程标准的文化背景分析[J]．黑龙江高教研究，2008(10)：58.

[10]罗娜娜．20世纪90年代美国基础教育国家课程标准探析[D]．沈阳师范大学硕士学位论文，2007.

[11]苏世静．中英小学综合课程科学与体育课程标准的比较[D]．西北师范大学硕士学位论文，2009.

[12]尤凡，方曼．中英体育课程标准若干问题的比较研究[J]．科技信息，2011(14).

[13]谢波飞．中外中小学体育课程标准若干层面的比较分析[J]．浙江体育科学，

2008，30(2)：79-81.
[14]杨华．中美体育课程标准学习领域目标比较[J]．体育世界，2009(12).
[15]陈金凤，洪伟．中美体育课程标准的比较研究[J]．体育成人教育学刊，2009，25(5)：71-72.
[16]秦海权，季浏，汪晓赞．中美高中体育与健康课程标准对比研究[J]．体育文化导刊，2011(1)：116-117.
[17]盛晓明．中国、英国中学体育课程改革与发展的比较研究[D]．北京体育大学硕士学位论文，2004.
[18]王韶峰，隋东旭．中俄两所学校体育课程标准实施的对比分析[J]．体育学刊，2010，17(5)：70-71.
[19]岳慧灵，潘洪建，金玉．中澳小学体育课程标准比较[J]．南京体育学院学报，2009，23(3)：32-34.
[20]赵明，满常艳，葛立峰．中、美、澳三国体育课程标准及对我国学校体育课程目标的启示[J]．德育研究，2009(3)：113.
[21]李新红，李富菊．我国中学体育课成绩评定内容的思考[J]．当代教育科学，2011(10)：22-23.
[22]胡庆山，郭敏，王健．我国体育课程实施研究评析[J]．北京体育大学学报，2012，35(2)：76-81.
[23]藏坤．中国和俄罗斯义务教育阶段(1—9年级)体育课程的比较研究[D]．北京体育大学硕士学位论文，2007.
[24]赵超君．校本化课程实施过程中的教材分析与处理[J]．体育教学，2011(4).
[25]陈华卫．建国后我国基础教育体育课程内容研究的回顾与展望[J]．湖北体育科技，2013，32(1)：13-15.
[26]梁龙旭，孟秋菊．高中体育与健康课程内容的自主构建[J]．课程研究，2006(2).
[27]吴长青．对体育与健康课程内容的分析[J]．体育科学研究，2006，10(3)：90-93.
[28]商竞．校本化课程实施过程中的教材分析与处理[D]．首都师范大学硕士学位论文，2005.
[29]李林．体育教材分析的核心[J]．体育教学，2011(4).
[30]李文江．谈怎样搞好体育教材分析——为什么分析、怎样分析、分析应注意的问题[J]．体育教学，2011(5).
[31]赵超君．体育课程学习目标的重新归类及其意义[J]．体育教学，2004(1).
[32]蒋建设．对学生体育学习目标确立与调整的分析[J]．中国教育研究论丛，2005(2).

[33]龚德贵，陈宗弟等．“转型期”我国学校体育课程教学目标体系的发展与探索[J]．体育与科学，2003，24(1)：68-71.
[34]柳克奇．我国学校体育课程教学目标体系的构建[J]．体育学刊，2004，11(2)：95.
[35]潘洪建．课程编制模式的知识论透析[J]．当代教育与文化，2009，2(4)：71-73.
[36]陈扬光．课程编制过程模式述评[J]．外国教育研究，1989(4)：1-7.
[37]李健．基于多元智能的校本课程编制[J]．现代中小学教育，2005(5).
[38]唐力，黄殊．基础教育新化学课程编制的整合设计研究[J]．课程·教材·教法，2004，24(23)：66-70.
[39]王丽．国内体育课程编制或设计理论的研究现状[J]．2010，30(2)：107-108.
[40]蒋心萍，黄河等．《课标》的推行与高校体育教育专业课程方案改革策略的研究[J]．体育科技，2007，28(2)：86.
[41]王华倬，郑沪娥．我国近代壬戌学制与体育课程的改革背景、特点及其历史意义[J]．北京体育大学学报，2005，28(4)：507-509.
[42]王艳，吴洪成．我国基础教育课程编制的文化性研究[J]．教育理论研究，2013(6)：8-10.
[43]何元，春章前．体育与健康课程编制应处理好几对关系[J]．哈尔滨体育学院学报，2002，20(4)：60-62.
[44]陆作生，伍少利．体育课程的编制[J]．北京体育大学学报，2004，27(4)：514-516.
[45]陆彩霞．泰勒的课程编制思想对校本课程开发的启示[J]．教学评论，2008(11).
[46]曹培英．试析课程编制过程中的落差——现象学视角[J]．课程·教材·教法，2011，31(11)：23-29.
[47]周华．体育课程标准与体育教学改革[J]．体育科技，2004，25(1)：75-77.
[48]彭建敏，杜超．体育课程标准取代教学大纲思考[J]．体育文化导刊，2010(3).
[49]阎智力，顾渊彦．试析新课程标准的目标体系[J]．首都体育学院学报，2005，17(1)：45-47.
[50]高松山．论我国体育课程标准中的后现代主义观[J]．体育文化导刊，2004(1).
[51]辛利．论体育课程与体育教学的若干关系[J]．天津体育学院学报，2011，26(3)：273-276.
[52]王沂．基于体育课程标准的新体育教学方法体系的构建[J]．体育成人教育学

刊，2007，23(1)：80-81.
[53]于晓丹，宁波．过程模式课程编制理论的建构及思考[J]．湖北成人教育学院学报，2008，14(6)：7-9.
[54]沈兰．关于制定课程标准的建议——兼评《加拿大安省数学课程标准(1~9年级)》[J]．外国教育资料，2000(5)：21-23.
[55]陈文生．关于新体育课程标准实施的感想[J]．科学教育，2006，3(12)：18-19.
[56]夏芳．关于《体育与健康课程标准》几个问题的初步探讨[D]．辽宁师范大学硕士学位论文，2005.
[57]彭钢．从教学大纲走向课程标准——课程标准所体现的课程理念与实施要求的解读[J]．当代教育科学，2003(21)：25.
[58]潘少敏，潘晓微．刍议《体育与健康课程标准》的领域目标——从人本主义出发看《体育与健康课程标准》的五个领域目标[J]．商场现代化，2009(13).
[59]郑志磊，王红．1949—2006年我国中小学体育课程标准研究[J]．山东体育科技，2007，29(1)：71-72.
[60]张远蓉．1900—1949年我国中小学体育课程标准研究[J]．四川体育科学，2004(2)：167.
[61]王晓春．《体育课程标准》评价的可行性研究[J]．沈阳体育学院学报，2006，25(1)：78-80.
[62]王沂，李尚滨等．《体育与健康课程标准》研究述评[J]．首都体育学院学报，2008，20(3)：64-67.
[63]陈俊钦，梅雪雄等．《体育与健康课程标准》的推行与体育教育专业教学改革——兼谈体育教育专业新课程方案的实施策略[J]．体育学刊，2005，12(1)：74-77.
[64]周剑．运用比较法解读《体育课程标准》[J]．四川教育学院学报，2007，23(6)：92.
[65]应良兵．由"大纲"到"课标"：中小学体育教学大纲的变化与发展研究[J]．出国与就业，2011(4).
[66]田云艳，郭辉．新体育课程标准与教学大纲的比较[J]．通化师范学院学报，2008，29(4)：89-90.
[67]赵晓红．新时期体育课程标准对体育课程理念构建的影响及意义[J]．浙江体育科学，2008，30(3)：98-100.
[68]孙仕舜．新时期体育课程标准对体育课程理念构建的影响及意义[J]．体育科学研究，2005，9(2)：83-85.
[69]赵华丽，桑凌虹．新课程标准下体育课程资源的开发与利用[J]．四川体育科

学，2006(1)：132-134.
[70]吕宪军，王延玲．新课程标准和教材的分析与把握[J]．中国教育学刊，2004(2)：33-36.
[71]魏刚．新课标背景下中学体育课程资源的开发研究[J]．体育世界·学术，2007(5)：26-28.
[72]王永萍，郭丽莎．现代社会生活方式与学校体育教育教学改革[J]．运动，2011(20)：111-112.
[73]彭代斌．武汉市小学实施《体育课程标准》的现状[J]．体育成人教育学刊，2008，24(5)：91-93.
[74]张雪霞，许良．我国中、小学体育课程标准的德育目标变迁[J]．体育科技文献通报，2009，17(3)：2-4.
[75]王沂，李尚滨．我国体育课程标准中"情意"目标历史演化之管窥[J]．首都体育学院学报，2008，20(2)：55-57.
[76]成宇．我国体育课程标准研究[J]．体育文化导刊，2009，5.
[77]李忆湘，刘小翔．普通高校体育课程目标多元化对学生评价影响的研究[J]．西安体育学院学报，2005，22(4)：100-103.
[78]鲁平俊．云南省中学体育地方课程水平目标研究[D]．云南师范大学硕士学位论文，2005.
[79]邵伟德，徐金尧．学校体育各层面目标的衔接[J]．体育学刊，2004，11(3)：96-98.
[80]丁英俊，江涛，毛振明．中国学校体育与健康课程内容层级衔接[J]．天津体育学院学报，2005(4).
[81]詹晓燕，朱冀．我国大、中、小学体育课程目标领域的层级衔接[J]．浙江体育科技，2010，32(2)：61-63.
[82]张细谦．体育课程实施的策略[J]．体育学刊，2007，14(4)：6-10.
[83]朱敏．体育课程决策主体的多元化研究[D]．南京师范大学硕士学位论文，2006.
[84]刘秀梅．三级课程管理体制下山东省基础教育体育课程管理现状与对策[D]．山东师范大学硕士学位论文，2011.
[85]周丽红．论体育与健康课程实施的新视角[J]．福建体育科技，2006，25(6)：49-50.
[86]刘昕．关于体育课程实施若干问题的理论探析[J]．北京体育大学学报，2011，34(9)：81-84.
[87]魏相博．我国中小学体育课程政策变化轨迹的发展研究[D]．西北师范大学硕士学位论文，2010.

[88]章前．体育与健康课程实施中几对关系的理性思考[J]．南京体育学院学报(自然科学版)，2009，8(1)：75-77.
[89]张细谦，杨文轩．体育与健康课程实施的发展策略[J]．体育学刊，2012，19(1)：74-77.
[90]胡庆山．体育课程实施主体论[D]．华中师范大学博士学位论文，2009.
[91]张细谦．体育课程实施中的三个环境问题[J]．体育文化导刊，2007(8).
[92]张细谦．体育课程实施研究[D]．华南师范大学博士学位论文，2007.
[93]鲍森芳．基础教育课程改革中课程资源开发研究[D]．陕西师范大学硕士学位论文，2007.
[94]吴健，常生．关于体育课程资源建设的理性思考[J]．山东体育学院学报，2006，22(1)：121-125.
[95]孟大航．城市初中体育与健康校本课程开发的理论研究[D]．东北师范大学硕士学位论文，2005.
[96]张玲．《体育与健康》课程资源及其开发与利用——福建中学《体育与健康》课程资源开发与利用的现状及对策[D]．福建师范大学硕士学位论文，2003.
[97]黄太斌．《体育与健康》课程改革实施中的几点困惑[J]．山西师范大学体育学院学报(研究生论文专刊)，2009，(24)：68-69.
[98]李龙正．体育课程资源的分类研究[J]．北京体育大学学报，2006，29(3)：382-384.
[99]黄秋玲．体育课程改革与体育课程资源的开发与利用[J]．体育世界，2012(5).
[100]王健，胡庆山．体育教师参与体育课程实施的影响因素及对策[J]．上海体育学院学报，2011，31(6)：68-73.
[101]王红英．区域体育课程资源开发与利用的相关理论研究[J]．体育科研，2008，29(6)：79-81.
[102]熊静梅．农村中学民族民间体育课程资源的开发与利用研究——以湘西自治州凤凰县为例[D]．吉首大学硕士学位论文，2008.
[103]闫小明．内乡县、乡、村三级小学体育课程资源开发与利用个案分析[D]．河南大学硕士学位论文，2007.
[104]张振丰．论新课程理念下对体育课程资源的开发与利用[J]．山西师范大学体育学院学报，2006，21(2)：65-68.
[105]曹可强．论体育课程资源的开发与利用[J]．体育科研，2005，26(5)：76-78.
[106]赵阳．校本课程开发的基本原则[D]．辽宁师范大学硕士学位论文，2002.
[107]卢凯苹．现阶段中国体育校本课程开发的概念梳理及案例分析[D]．南京师

范大学硕士学位论文，2011.
[108]李春晓．体育课程资源研究现状与展望[J]．首都体育学院学报，2009，21(1)：63-64.
[109]李艳萍．体育课程资源研究[D]．湖南师范大学硕士学位论文，2005.
[110]符洪崧．体育课程资源开发和利用的探析[J]．学校体育学，2013，3(5)：55-56.
[111]韦颂．体育课程资源建设理论的基础建构研究[D]．西南师范大学硕士学位论文，2003.
[112]孙灵．体育课程资源的开发与利用研究综述[J]．山西师范大学体育学院学报(研究生论文专刊)，2008(23)：89-91.
[113]纪伟．中学体育校本课程开发的研究[D]．华东师范大学硕士学位论文，2007.
[114]景怡光．中小学校本课程开发的问题及对策研究[D]．辽宁师范大学硕士学位论文，2008.
[115]李艳群，赵保丽．中小学体育与健康课程内容资源的构建[J]．教育理论与实践，2011(6).
[116]赵丽萍．中小学体育课程改革若干问题分析[J]．体育学刊，2006，13(1)：100-103.
[117]陈志文．新课程理念下小学体育课程资源的开发与利用[J]．体育成人教育学刊，2007，23(5)：90-92.
[118]刘斌．从体操到体育——清末民国中小学体育教科书研究[D]．湖南师范大学硕士学位论文，2011.
[119]黄美好，庄弼．关于“教学目标引领教学内容”的实证研究[J]．广州体育学院学报，2010，30(4)：81-84.
[120]卢元镇．当今学校体育中的几个理论与实践问题[J]．吉林体育学院学报，2009，25(5)：1-6.
[121]毛振明，于素梅．体育教学内容选编技巧与案例[M]．北京：北京师范大学出版社，2009.
[122]周登嵩．学校体育教学探索[M]．北京：人民体育出版社，2000.
[123]肖川．义务教育体育与健康课程标准(2011年版)解读[M]．武汉：湖北教育出版社，2012.
[124]毛振明，毛振刚．体育教学内容改革与新体育运动项目[M]．北京：北京体育大学出版社，2003.
[125]史兵．中学体育与健康教材研究与教学设计[M]．陕西：陕西师范大学出版社，2011.

[126]王启明，王海燕，李建英．中学体育与健康教材教法[M]．北京：人民教育出版社，2008.
[127]延庆，周跃，陈雪红．中学体育教材教法[M]．北京：北京师范大学出版社，2013.
[128]谭华．体育史[M]．北京：高等教育出版社，2005.
[129]潘少伟，于可红．学校体育学[M]．北京：高等教育出版社，2005.
[130]中华人民共和国教育部．义务教育体育与健康课程标准(2011 年版)[M]．北京：北京师范大学出版社，2012.
[131]戴三育，刘新民．中小学体育与健康教材教法[M]．北京：人民教育出版社，2004.
[132]课程教材研究所．20 世纪中国中小学课程标准教学大纲汇编(体育卷)[M]．北京：人民教育出版社，2001.
[133]季浏，胡增革．体育教育展望[M]．上海：华东师范大学出版社，2001.
[134]王华倬．中国近现代体育课程史论[M]．北京：湖北教育出版社，2004.
[135]中华人民共和国教育部．体育与健康(1—6)(7—12 年级)课程标准(实验稿)[M]．北京：北京师范大学出版社，2001.
[136]季浏．体育课程标准解读[M]．武汉：湖北教育出版社，2002.
[137]毛振明．学校体育学[M]．北京：高等教育出版社，2001.
[138]季浏．体育与健康课程与教学论[M]．杭州：浙江教育出版社，2003.